오늘을 위한

루터 이해

권진호 지음

신아사

목차

들어가는 말

루터 책을 내놓을 때마다 이런 반응이 나올까 두렵다.
"또 루터?", "루터 책에 새로운 게 있어?"

누구나 안다는 루터! 하지만 정작 뚜껑을 열어보면 결과는 다르다. 루터의 작품을 직접 읽어본 사람이나 그의 신학을 진지하게 숙고한 사람은 거의 없다. 대신 중세 로마 가톨릭에 반대해 '오직 믿음'(sola fide)을 외친 종교개혁자 정도로만 아는 사람이 대부분이다. 게다가 루터의 '오직 믿음'이란 의미를, 행위를 무시한다거나 선행을 소홀히 여기는 것쯤으로 해석하는 신앙인들, 심지어 학자들도 있다. 그들은 '오직 믿음'으로는 부족하니 여기에 선한 행위를 추가해야 한다고 당당하게 외치기도 한다. 500년 전 인물, 루터를 한국교회에 다시 소환해야 하는 이유가 바로 여기에 있다.

루터는 목숨 걸고 교황과 싸우며 교회를 개혁하는 데 성공했다. 그는 "교회의 개혁은 … 하나님이 홀로 하시는 일이다"(WA 1,627,29~30)라고 강조하며 하나님이 모든 일에 역사하시되, 일하시는 통로는 말씀임을 강조했다. 다시 말해 하나님은 설교를 통해 일하시며 교회를 개혁해 나가신다는 의미이다. 여기서 하나님의 말씀, 설교의 핵심은 바로 복음이다. 루터의 종교개혁은 복음을 재발견한 사건이고 이 복음을 통해 하나님께서 역사하신 일이다.

루터가 발견한 복음이 오늘날 한국교회에 절실하게 필요하다. 최근

코로나-19로 더욱 위축된 한국교회는 양적으로, 질적으로 부흥해야 한다. 이러한 부흥 못지않게 시급한 것은 개혁이다. 바른 가르침과 복음이 강단에서 사라지고 있다. 그 자리를 각종 프로그램과 육적인 가르침이 대신한다. 바로 이것이 루터를 다시 소환해야 하는 이유이다. 루터의 종교개혁은 오류에 빠진 중세 교회에 대한 개혁이었을 뿐만 아니라 설교를 통한 부흥 운동이었기 때문이다.

한국교회의 부흥과 개혁에 도움이 될 '오늘을 위한 루터'를 알리기 위해 필자는 신학생과 목회자뿐만 아니라 평신도도 쉽게 이해할 수 있는 루터에 관한 책을 쓰고자 시도했다. 학술적인 논문과 번역을 주로 해왔던 필자에게 이러한 글의 시도는 오히려 힘든 일이었다. 하지만 루터가 받은 감동과 루터가 만난 하나님에 대한 깨달음을 알리고자 하는 열정 때문에 이것을 포기하지 않았다.

그러던 차에 박영신 부장님의 요청으로 2021년 한 해 월간지 「기독교 세계」에 루터에 관해 연재하게 되었다. 이것이 계기가 되어 나온 결과물이 이 책이다. 11편의 연재물에, 루터에 관한 글들을 추가하였다.

마지막으로, 책의 내용을 성실하게 읽고 교정해 준 박보영 권사님, 이유미 전도사, 그리고 아내에게 감사의 마음을 전한다.

2023년 3월

권진호

* 일러두기

1. 성서본문은 개역개정판 인용을 원칙으로 한다.
2. 이 책에 실린 글은 몇몇 월간지와 학술지에 실린 것을 발췌 내지는 요약한 것임을 밝힌다. 목회자와 평신도를 대상으로 쓴 월간지에 실린 글의 경우 각주에 루터작품의 인용 출처를 생략하기도 했다.
3. Wikipedia에서 가져온 그림은 Public Domain에 해당한다.
4. 이 책에서 사용된 약어는 다음 문헌을 의미한다.
   WA : Weimarer Ausgabe (루터작품)
   WA Br : Briefe (서신)
   WA TR : Tischreden (탁상담화)
   (WA 6,10,7은 루터작품 바이마르 전집 6권 10쪽 7째 줄을 뜻함)

I

루터와 종교개혁

AETHERNA IPSE SVAE MENTIS SIMVLACHRA LVTHERVS
EXPRIMIT AT VVLTVS CERA LVCAE OCCIDVOS
M·D·X·X·

1

복음에 대한 갈망과 열정, 종교개혁의 문을 열다

수도사이자 시골 대학의 한 무명 교수가 인구 만 명 남짓 되는 작은 도시 비텐베르크(Wittenberg)의 한 교회 문 앞에 홀로 서 있다. 한 손에는 망치를, 다른 한 손에는 반박문을 든 채로. 당시 목회자들의 설교가 잘못되었다는 사실을 알리고 면죄부로 구원을 얻을 수 있다고 가르친 교회의 관행을 비판하기 위해서이다. 이 사건이 독일 전역을 포함한 전 세계에 미칠 파급효과에 대해 당시 누구도 예측하지 못했다. 오늘 종교개혁의 상징이 된 이 사건이 오늘날 한국교회와 성도들에게 주는 의미는 무엇일까? 오늘날 한국교회를 바라보면 그 의미를 깊이 돌이켜봐야 할 시점이다.

95개 논제

우리는 종교개혁의 시작을 1517년 10월 31일(비텐베르크의 중요 축제일인 만성절<萬聖節> 전날) 루터가 "95개 논제"[1]를 비텐베르크의 성(城)교회 문에 게시한 사건으로 간주한다. 작은 마을에서 시작한 망치 소리가 독일을 넘어 유럽과 전 세계로 퍼져 나가며 종교개혁이 세계사적인 사건이었음을 보여주는 영상까지 존재한다. 그래서 우리는 루터가 "95개 논제"를 교회 문에 못 박아 게시했다는 것을 역사적인 사

1) 원제: 『면죄부의 효능에 관한 해명을 위한 토론』.

"95개 논제". 출처: Wikipedia

실로 여긴다. 하지만 역사가들은 이 게시사건의 역사성에 의문을 제기한다.[2] 그것을 증명할 결정적인 역사적 자료가 존재하지 않기 때문이다. 10월 31일을 종교개혁기념일로 지키기 시작한 것도 그 사건이 일어난 지 100여 년이 지난 후부터였다.[3]

역사적으로 부인할 수 없는 사실은 1517년 10월 31일 루터가 마인츠의 대주교인 알브레히트(Albrecht von Mainz)에게 보낸 편지에 면죄부의 신학적 오류를 증명하는 "95개 논제"를 동봉하였다는 점이다. 이 편지에서 루터는 면죄부 설교자 테첼(Johann Tetzel)이 허위 선전하는 면죄부의 판매 중지를 부탁했다. 이 논제는 같은 날 교회의 중요 인물들과 동료들에게도 전달되었고, 이후 루터의 동의 없이 인쇄되어 독일 전역에 빠르게 퍼졌다. 이 사건이 일어나기 불과 몇십 년 전에 발명된 인쇄술이 논제의 전파에 큰 기여를 했다.

2) 박홍식, 『미완의 개혁가 마르틴 루터』 (21세기북스, 2017), 29~45 참조. - 루터 자신은 "95개 논제"를 비텐베르크 성교회에 게시했다고 말한 적이 없으며, 루터와 동시대인 누구도 1517년 이후에 이날을 그러한 역사적인 날로 증언하지 않았다. "95개 논제"의 게시 주장은 루터가 세상을 떠난 후 멜란히톤(P. Melanchthon)이 루터의 "라틴어 전집 제2권 서문"에서 언급한 내용에 근거한 것이다. 멜란히톤은 루터와 가까운 동료였지만, 그가 비텐베르크에 발을 디딘 것은 1517년 10월보다 10개월 후였기에 이 사건의 직접적인 증인은 아니었다.

3) 참조. 권진호, "종교개혁 기념에 대한 역사", 「신학논단」 85 (2016), 7~36.

"95개 논제"는 엄청난 반향을 일으켰고, 이로 인해 종교개혁이 시작되었다. 당시 사람들이 고민했던 문제에 대한 명쾌한 신학적, 신앙적 해답을 그 논제 안에서 찾을 수 있기 때문이었을 것이다. 그때나 지금이나 면죄부 판매에 대한 루터의 단죄를 놓고 그가 옳지 않았다고 말할 사람은 아무도 없을 것이다.

'회개하라' - 그리스도인의 모든 삶

"95개 논제"의 주제는 면죄부의 사용과 판매에 대한 비판이다(제8조~제95조). 루터는 비판의 기초가 되는 성서적인 회개의 의미를 논제 제1조~제7조에서 보여주는데, 핵심은 제1조이다.

> "우리의 주이시며 선생이신 예수 그리스도가 '회개하라 천국이 가까이 왔느니라'(마 4:17)고 말씀하신 것은 신자의 모든 삶이 회개이기를 원하시기 때문이다."

신약성서적인 측면에서 그리스도인의 삶은 회개 그 자체이다. 루터는 회개를 고해성사와 같은 일회성 고백 행위가 아닌 그리스도인의 삶 전체로 여겼다. 여기서 참된 회개란 내적인 회개와 외적인 회개가 일치하는 경우이다. '회개하라'라는 예수님의 명령은 마음을 바꾸는 내적인 회개와 더불어 몸을 산제물로 드리는 삶의 실천을 의미한다(롬 12:1~2). 내적으로 참된 회개를 하면 외적 회개의 열매는 자연스럽게 따라온다. 반면에 열매가 나무를 자라게 할 수 없는 것처럼 외적인 회개의 열매는 내적인 회개를 가져오지 못한다.

"95개 논제"에서 신학적으로 중요한 사실은 회개란 하나님이 하게 하시는 일이라는 것이다. 하나님이 회개의 주체이시며, 인간은 이를 통해 하나님 앞에서 완전히 죄인이라는 사실을 깨닫는다. 회개는 인간이 자신을 죄인으로 깨닫고 고백하는 '자기 판단'이며, 오직 하나님의 행하심으로만 가능하다. 루터는 나아가 하나님의 용서하심과 사랑은 돈으로 거래할 수 있는 대상이 아니며, 진정으로 회개하는 자는 모두 형벌과 죄를 완전히 용서받는다고 강조한다(제36조).

회개한 자는 모든 죄를 이미 용서받았다. 하지만 동시에 여전히 존재하는 죄의 세력에서 매일 돌아서야 한다. 끊임없이 옛사람을 죽이고 그리스도의 십자가와 죽으심에 참여하여 새사람으로 다시 태어나는 것, 이것이 참된 회개이며 또한 그리스도인의 삶 전체이어야 한다.

알브레히트에게 보낸 편지

루터는 1517년 10월 31일 대주교 알브레히트에게 개인적으로 편지를 보냈다.[4] 잘못된 길에서 벗어나 바른 길로 가도록 대주교에게 겸손한 자세와 존경하는 마음으로 간청하는 내용이었다. 신자들의 구원을 위한 주교의 책임을 상기시키며 면죄부 설교는 그에게 맡겨진 영혼들을 잘못된 길로 인도하고 그들을 미혹한다고 경고했다.

루터는 면죄부 판매가 가져온 문제 상황을 다음과 같이 전하였다.

> "곳곳에서 교황의 면죄부가 당신의 고귀한 이름으로 성 베드로 성당을 건축하기 위해 판매되고 있습니다. 지금 저는 그 기괴한 면죄부 설교자의 외

4) 참조. 지원용 편, 『루터 선집. 제11권』(컨콜디아사, 1988), 60~65.

침을 비난하기보다는, 오히려 백성이 이러한 설교로 인해 면죄부를 좋은 것으로 여기고 그것을 잘못 이해하는 것을 한탄할 뿐입니다. 가련한 영혼들은 자신이 면죄부를 사면 구원이 확실하여 돈을 금고에 넣자마자 영혼이 즉시로 연옥에서 벗어난다고 믿습니다. 면죄부가 주는 이러한 은혜의 작용은 강력하여 가령 누군가가 하나님의 어머니(=마리아)를 능욕하더라도 그 죄를 용서받을 수 있다고 생각할 정도입니다. 인간이 면죄부를 통해 모든 형벌과 죄책감에서 벗어난다고까지 믿습니다."

루터는 대주교에게 위탁된 영혼들이 죽음으로 달려가고 있음을 상기시키며 계속하여 면죄부를 비판한다.

"면죄부는 영혼이 구원을 받고 거룩하게 되는 것에 어떤 도움도 주지 못한다."
"경건과 이웃사랑의 행위가 면죄부보다 훨씬 더 낫다."

루터에 따르면 주교[목회자!]의 가장 고귀하고 유일한 임무는 백성에게 그리스도의 복음과 사랑이 설교로써 전해지도록 힘을 다하는 것이다. 왜냐하면 그리스도가 복음을 설교하라고 강하게 명하셨지, 면죄부를 설교하라고 명하지는 않으셨기 때문이다. 이러한 이유로 루터는 대주교에게 면죄부 설교를 중단하고 면죄부 설교가들이 복음적인 내용의 설교를 하도록 긴급하게 요청하였다.

'루더' - '루터'

루터는 이 편지 마지막에 다음과 같이 서명한다.

> '거룩한 신학박사로 부름을 받은 어거스틴수도회 마틴 루터'
> (Martinus Luther August[inianus] Doctor S. Theologie vocatus).

여기서 주목할 한 단어가 있다. 바로 '루터'라는 이름이다.[5] 사실 루터의 성은 '루더'(Martin Luder)였다. 1517년까지 루더로 살다가 그해 가을, 바로 위에서 언급한 편지에 처음으로 루터로 개명하여 서명한다. 그 이후 '자유한 사람'이라는 의미의 '엘로이테리우스'(eleutherius)라는 이름을 서명으로 잠시 사용하다가 최종적으로 루터라는 이름을 사용하였다.

'루터'라는 서명, 개명이 갖는 의미는 무엇일까? 이 편지에서 루터는 '마틴 루터'라는 서명으로 새로운 자기이해 내지는 자의식을 표현한다. 새로 갖게 된 그리스도인의 자유 사상과 자유 의식을 나타내기 시작한 것이다. 루터는 바울서신에 관한 연구와 강의들로 종교개혁적인 사상, 즉 하나님의 의와 더불어 칭의론을 깨닫고 새사람으로 태어났다. 그리하여 당시 유행하던 스콜라 신학에서 벗어났을 뿐만 아니라 종교개혁적인 자유 사상으로 다른 사람을 자유하게 하거나, 적어도 그들이 자유하도록 돕는 자이어야 한다는 의식을 가졌다. '루터'라고 서명한 것은 결국 루터의 자기 증언인 셈이며, 루터의 개명은 자유

---

5) 이에 대해서는 권진호, "루터의 개명의 신학적 의미", 「한국교회사학회지」 51 (2018), 7~36 참조.

한 자, 그리고 동시에 자유하게 하는 자의 사명을 표현하는 것이다.

우리는 매년 루터의 "95개 논제" 사건을 기념하여 종교개혁주일을 지킨다. 기념일을 지키면서 신앙인들이 기억해야 할 점은 무엇일까? 루터가 "95개 논제"를 작성한 원동력이 무엇인지를 되새겨야 한다. 그것은 바로 복음을 향한 열정이다.

당시 복음을 설교하지 않는 목회자들, 복음에 일치하지 않는 교회의 모습과 관습, 루터는 이를 참을 수 없었다. 복음만이 믿는 자에게 구원을 주시는 하나님의 능력이 되고, 복음에 계시된 하나님의 의만이 우리를 의롭게 하기 때문이다. 당시 목회자들의 설교가 틀렸다는 판단과 이런 설교로 잘못 인도되는 신앙인들에 대한 목회적인 염려와 고민이 루터를 움직였다. 이것을 증명하는 것이 바로 앞에서 살펴본 "95개 논제" 그리고 "알브레히트에게 보낸 편지"와 '루터의 서명'이다.

오늘 한국교회의 목회자들이 강단에서 오직 복음만을 선포하고 있는지, 이를 위해 얼마나 힘을 쏟는지, 그리고 성도들은 이를 제대로 듣고 믿고 있는지 다시 생각해봐야 할 때이다.

2

루터의 회심, 탑상체험

바울의 다메섹 체험, 어거스틴의 밀라노 정원 체험, 웨슬리(J. Wesley)의 올더스게이트(Aldersgate) 체험이 있다면, 루터에게는 '탑상체험'(塔上體驗, tower experience)이 있다. 비텐베르크의 수도원 옥탑방의 연구실에서 이루어진 이 체험은 루터가 복음의 정수를 발견한 사건이자 종교개혁신학의 본질을 보여준다. 한마디로 지금의 종교개혁자 루터를 있게 한 사건이다. 자, 지금부터 루터의 탑상체험을 만나보자.

"네 안에 있는 것을 행하라"

1505년 루터는 에어푸르트(Erfurt) 대학에서 법학을 공부하는 전도유망한 청년이었다. 만약 그에게 회심 사건이 없었다면 당대 유명한 법학자가 되었을지도 모른다. 하지만 인생은 그가 계획한 대로 흘러가지 않았다. 고향집에서 학교로 돌아오는 길에 함께 가던 친구가 번개를 만나 죽는 것을 목격했다. 그때 겪은 죽음의 공포로 루터는 수도사가 되겠다고 서약하고 만다. 물론 이 일은 그에게 이미 구원에 대한 갈망이 있었기에 가능했다.

열정을 갖고 시작한 수도원 생활은 만만치 않았다. 구원에 대한 열망은 수도원 생활의 시작과 함께 오히려 고민으로 변했고, 고민은 시간이 갈수록 더 깊어져만 갔다. 사실 그는 엄격한 수도사 생활을 누구 못지않게 모범적으로 해냈다. 교회 가르침을 충실히 따랐고, 성서의 계명들을 지키고자 노력했다. 당시 로마 가톨릭교회는 '네 안에 있는 것을 행하라'(facere quod in se est), 즉 구원에 필요한 전제조건을 최선을 다해 충족시키라고 가르쳤다. 루터는 그 조건만 이루면 구원받는다는 가르침을 굳건히 믿고 열심히 노력했다. 하지만 시간이 갈수록 이런 행위로 구원받는다는 확신은 더 엷어져만 갔다. 아니, 오히려 하나님 앞에서 그의 양심은 더욱 불안하기만 했고 자신이 죄인이라는 생각을 떨쳐버릴 수 없었다. 루터는 자신이 마치 마약 중독자처럼 죄에 중독되어 스스로는 죄의 문제를 해결할 수 없다는 절망에 빠졌다.

하나님의 의

구원에 대한 확신을 얻고자 그는 마지막으로 성서의 문을 두드렸다. 1512년 신학박사가 된 이후 비텐베르크 대학에서 시편과 로마서를 강의하며 성서를 깊이 연구하였다. 그러던 중에 그에게 확신이 아닌 고통을 주는 성서 구절을 만났다. 바로 로마서 1장 17절에 나오는 '하나님의 의'(iustitia Dei)였다.

'의'란 단어가 주는 느낌은 어떠한가? 은혜, 사랑, 자비와 같이 듣기 좋은 복음적인 단어와는 사뭇 다른 느낌을 준다. '의'가 일반적으로 공정함이나 정의를 뜻한다면 '하나님의 의'는 하나님께서 인간 각 사람이 당연히 받아야 할 것을 주신다는 뜻이 된다. 이에 따라 루터는 하나님을 선한 사람에게는 상을, 악한 사람에게는 벌을 주는 재판관으로 이해하였다. 구원의 전제조건을 충족시킬 능력이 없고 이미 죄의 길에 빠져있는데다 거기에서 헤어나지 못할 정도로 죄에 사로잡혀 있다고 느낀 루터에게 '하나님의 의'라는 잣대를 들이대 보면 자신은 벌을 받아 마땅한 사람이었다. 결국 공정한 재판관이신 하나님은 루터에게는 진노하고 가차 없이 처벌하시는 분이 된다. '하나님의 의'의 개념은 루터에게 이렇게 위협적인 요소가 되었다.

루터의 고통은 여기서 끝나지 않았다. 그가 이성적으로 이해할 수 없는 말들이 계속 성서에 등장했다. 그중 하나가 '복음에는 하나님의 의가 나타나서'라는 구절이다. 루터는 바울의 말을 도무지 이해할 수 없었다. 자신을 벌하는 '하나님의 의'가 복음이라니! 당시 루터의 생각을 직접 들어보자.

> "지금까지 나를 방해한 것은 차가운 내 마음이 아니라 로마서 1장 17절 … 하나님의 의라는 한 단어였다. 나는 이 하나님의 의라는 개념을 잘못 이해하여 미워했다. … 이 의는 의로우신 하나님께서 죄인들과 불의한 자들을 벌하시는 의였다. 나는 나무랄 것 없는 수도사로 살았지만, 하나님 앞에서 양심은 매우 불안하여 내가 죄인이란 생각을 떨쳐버릴 수 없었다. … 나는 죄인을 처벌하시는 그런 의로우신 하나님을 사랑할 수 없었다. 아니, 오히려 그를 미워했다. … '원죄로 말미암아 영원히 멸망 받은 가련한 죄인들에게 십계명이라는 율법을 통해 온갖 불행으로 짐 지우는 것도 모자라, 복음을 통해 다시 한번 아픔에 아픔을 더하시고 의와 진노를 주시는구나!' 나는 혼란스러운 양심 가운데 격하게 화가 났다."[6]

우리는 '하나님의 의'가 루터에게 얼마나 큰 고민거리이고 문제였는지 짐작할 수 있다. 죄와 구원의 문제로 고통당하던 루터에게 '하나님

6) 존 딜렌버거, "루터의 라틴어 저작 전집 서문", 『루터 저작선』, 이형기 역 (CH북스, 1994), 47~48(필자 일부 수정).

의 의'라는 복음은 구원을 가져다주는 기쁜 소식이 아니었다. 루터가 보기에 복음은 의인들에게나 좋은 소식이지 자신과 같은 죄인에게는 상관없는 것일 뿐이었다. 그는 복음조차도 율법과 마찬가지로 해결책이 되지 못함을 깨닫고 괴로워하고 절망하였다. 이런 루터에게 "주님의 의로 구원하소서"(시 31:1)라는 말씀은 더욱 그를 고민에 빠지게 했다. 심판하시는 '하나님의 의'가 어떻게 죄인을 구원하며 자유하게 하는지 의문이 든 것이다.

도대체 복음이란 무엇인가? 어떻게 '하나님의 의'가 복음의 내용이 된다는 말인가? 왜 바울은 그런 '하나님의 의'를 복음이라고 기뻐하며 외치고 있는 것인가? 루터는 이 모든 것이 궁금했다. 그래서 밤낮으로 성서를 묵상하기 시작했다. 결국 종교개혁사상을 발견하였다. 이것은 성서연구를 통해 가능했다.

복음에 나타난 하나님의 의

밤낮으로 말씀을 묵상하던 루터는 성서 본문의 맥락에 주목하기 시작한다. 그리고 이전과는 다른 방식으로 성서 구절을 읽어나갔다. 이전에는 '하나님의 의'를 문맥을 고려하지 않고 독립적으로 이해했다면, 이제는 하반절에 나오는 '의인은 믿음으로'라는 문구와 연결 지어 해석하면서 다음과 같이 새롭게 이해하였다.

> "나는 하나님의 의란 의인이 하나님의 선물, 즉 믿음으로 사는 것임을 깨달았다. 즉 복음을 통해 계시된 하나님의 의는 수동적이고, 이 의로 자비로운 하나님께서 믿음을 통해 우리를 의롭다고 하신다는 사실을 이해하였다."

루터의 새로운 발견, 그 본질은 무엇인가? '하나님의 의'는 죄인에게 벌을 주시는 의가 아니라, 오히려 죄인이 하나님에게서 마음의 위로와 평안을 누리고 의롭게 되도록 그에게 공짜로 선물로 주시는 의라는 사실이다. '하나님의 의'는 하나님 자신의 의일 뿐만 아니라 우리 죄인에게 선물로 주어진다. 루터에 따르면 '하나님의 의'는 은혜로 말미암아 우리 안에 있다. 불의한 죄인들은 이 하나님의 의를 통해 의롭다 함을 받는다. 그리스도 안에서 우리의 것이 되는 '하나님의 의'는 인간을 심판하고 정죄하는 의가 아니라, 우리 안에서 의를 만들어내는 의이다. 따라서 그리스도의 눈으로 보면 누구도 "하나님은 의롭고 나는 의롭지 못하다. 하나님은 거룩하지만 나는 거룩하지 않다"라고 말할 수 없다.

또한 루터는 '하나님의 의'에 대한 새로운 의미가 성경의 다른 용어들에도 적용된다는 사실을 발견했다. '하나님의 일'은 하나님께서 우리 안에서 행하시는 것이요, '하나님의 능력'은 하나님께서 능력으로 우리를 강하게 만드시는 것이며, '하나님의 지혜'는 하나님께서 지혜로 우리를 지혜롭게 하시는 것임을 깨달았다. '하나님의 강함', '하나님의 구원', '하나님의 영광' 등도 같은 맥락으로 이해할 수 있었다.

루터가 그렇게 원망하던 '하나님의 의'는 이제는 가진 것을 모두 팔아 바꿔도 아깝지 않을, 밭에 감추인 보화, 값진 진주(마 13:44)가 되었다.

죄인을 은혜로 사랑할 가치가 있는 자로 만드시는 하나님

'하나님의 의' 개념은 180도 바뀌었다. 이전에는 '하나님의 의'가 공정하게 심판하시는 하나님의 속성을 뜻하였고, 이에 따라 인간의 행위가 구원의 조건으로 요구되었다. 반면 새롭게 이해한 '하나님의 의'는 하나님께서 구원의 전제조건을 스스로 충족시키시며, 죄인이 의롭다 함을 받기 위해 요구되는 것, 즉 믿음을 은혜로 주신다는 것이다. '하나님의 의'는 믿음이라는 선물을 통해 죄인을 의롭다고 하시는 하나님의 은혜에 대한 또 다른 표현임을 깨달은 것이다. 이를 통해 그는 "완전히 새로 태어나고 열린 문을 통해 천국에 들어감을 느꼈다"라고 회고한다. 루터는 자기가 만난 은혜의 하나님을 "하이델베르크 토론"에서 이렇게 고백한다.

> "하나님의 사랑은 사랑할 만한 가치가 있는 대상을 찾는 것이 아니라, 오히려 죄인을 은혜를 통하여 사랑할 가치가 있는 자로 만드신다."

'하나님의 의'는 복음 그 자체이다. 기쁜 소식이란, 구원은 인간이 이루어야 할 일이 아니라 하나님의 일이라는 사실이다. 구원은 하나님께서 주시는 선물이며, 인간은 다만 그것을 받을 뿐이다. 인간은 구원에 필요한 행위를 성취해야 하는 능동적인 존재가 아니라, 하나님의 행하심을 믿음으로 받는 수동적인 존재이다. 아니, 하나님께서 그리스도 안에서 우리 구원을 위한 모든 것을 성취하셨고, 우리는 그 모든 것을 믿음을 통해 선물로 받을 뿐이다.

스웨덴의 루터교회 감독 기에르츠(B. Giertz)의 소설『Stengrunden』(반석)에 이에 견줄만한 이야기가 있어 소개하며 이 글을 맺고자 한다. 새로 부임한 젊은 목사가 선임 목사에게 자신은 신앙인이며 자신의 마음을 예수님께 바쳤다고 말한다. 이에 선임 목사는 "마음을 예수님께 바쳤기 때문에 구원받았다고 생각한다면 구원받지 못할 것입니다"라고 말한 뒤 다음과 같이 덧붙인다.

> "우리가 스스로 우리 구원자를 택하는 것이 아니오. 우리가 우리 마음을 그에게 주는 것도 아니오. 우리 마음은 단지 쓰레기 가운데 있는 녹슬고 오래된 깡통에 불과하오. 그런데 주님께서 지나시다 보잘것없고 더러운 깡통을 불쌍히 여겨 자신의 지팡이로 쓰레기더미에서 그것을 건져내어 집으로 가져가시는 것이라오."[7]

루터가 발견한 사실 역시 이와 마찬가지이다. 하나님은 죄와 죽음 가운데 있는 자신을 벌주시는 분이 아니라 믿음이라는 선물로 의롭다고 하시고 구원하시는 은혜로운 분이라는 사실이다.

---

7) Bo Giertz/ C.-M. Lyckhage trans., Und etliches fiel auf den Fels (R.Brockhaus, 1978), 127~128.

3

웨슬리, 루터의 "로마서 서문"을 만나다

루터와 웨슬리

중세교회 이후 그리스도인의 삶을 가르친 위대한 지도자 두 사람을 꼽으라면, 16세기 독일 종교개혁을 일으켜 개신교를 세운 루터와 18세기 영국의 영적 부흥 운동을 통해 감리교를 창시한 웨슬리를 들 수 있다. 루터와 웨슬리의 신학은 200년이 넘는 시간 차에도 불구하고 상당 부분 일치한다. 물론 웨슬리는 루터의 작품들(특히 『갈라디아서 강해』)과 신학에 대해 비판적이기도 했지만 루터의 칭의론, 즉 '오직 그리스도를 믿음으로 의롭다 함을 받는다'는 가르침에 대해선 일관된 지지를 표명했다.

루터와 웨슬리의 가르침을 정확히 아는 것은 기독교 역사에서 위대한 인물과 신앙을 접하는 과정이며 우리의 신앙생활에 유익한 도구이다. 두 인물이 만나는 역사의 여행을 떠나보자.

웨슬리의 회심

루터라는 이름은 1738년 5월 24일 웨슬리의 회심 사건에서 매력 있게 등장한다. 사실 웨슬리는 올더스게이트 거리의 한 모임을 통해 루터의 작품을 처음으로 직접 접하였다. 그날의 상황을 그의 일지(Journal)를 통해 확인해 보자.

"저녁때 나는 매우 내키지 않는 마음으로 올더스게이트 거리에 있는 한 모임을 찾았다. 거기서 한 사람이 루터의 "로마서 서문"을 읽고 있었다. 저녁 8시 45분경, 그가 ①그리스도를 믿는 믿음을 통해 하나님께서 일으키시는 마음의 변화에 관해 설명하고 있는 동안 내 마음이 이상하게 뜨거워지는 것(strangely warmed)을 느꼈다. ②나는 구원을 위해 그리스도를, 오직 그리스도만을 신뢰하게 되었다. 또한 ③그리스도가 나의 것, 바로 나의 죄를 가져가셨고 나를 죄의 법과 사망의 법에서 자유하게 하셨다고 확신하게 되었다."[8]

우리는 여기서 웨슬리 회심의 본질을 살펴볼 수 있다.

① 웨슬리는 '마음이 이상하게 뜨거워지는' 예기치 못한 성령의 역사하심을 체험하였다. 웨슬리가 자신의 마음 중심이 변화되었음을 감정적으로 확인하는 신앙체험이었다.

② '그리스도만을 신뢰하게 되었다'는 것은 하나님 앞에서 칭의를 받는 믿음을 가지게 되고 오직 예수 그리스도를 통해 구원받는다는 사실을 신뢰하게 되었음을 의미한다. 이러한 믿음과 신뢰는 하나님의 역사이며 인간에게 주어지는 선물이다.

③ '나의 죄를 이미 가져가셨다'는 것은 죄의 용서를 의미하며, '죄의 법과 사망의 법으로부터 자유하게 하셨다'는 것은 인간을 종으로 삼고 있던 죄의 세력과 죄의 값인 사망의 저주에서 해방되어 하나님의 새로운 피조물이 되었음을 의미한다. 웨슬리는 믿음을 통해 역사하시는 하나님께 칭의 받고 중생하였음을 고백한 것이다.

---

8) 존 웨슬리,『존 웨슬리 설교 선집(1)』, 이선희 역 (Holy Mountain, 2018), 657 (필자 일부 수정함/ 번호는 필자의 것).

웨슬리의 회심에 결정적인 역할을 한 루터의 "로마서 서문"은 교회 역사에서 복음에 대한 강력한 증언이자 신약성서 신학을 위한 편람으로 사용되었으며, 특히 경건주의에서는 믿음에 관한 고전으로 인정받아 구원론에서 중요한 역할을 하였다. "로마서 서문"의 내용을 간략히 살펴보자.

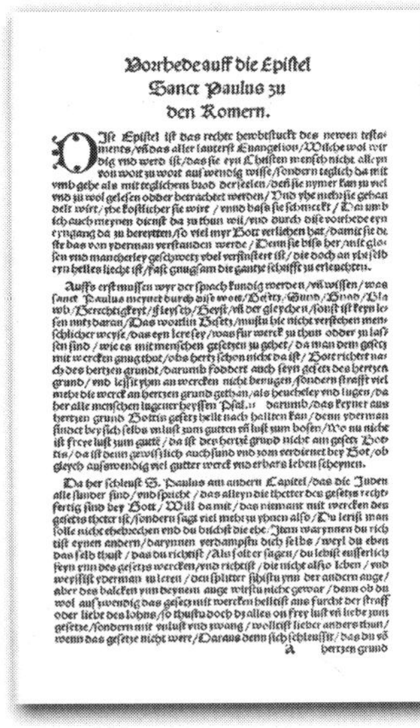
Vorrhede auff die Epistel
Sanct Paulus zu
den Romern.

"로마서 서문" 첫 페이지

루터의 "로마서 서문"

"로마서 서문"은 1522년 루터가 헬라어 신약성서를 독일어로 번역하여 출판한 『9월 성서』(Septembertestament)에 실려 있는, 말 그대로 로마서에 대한 서문이다.[9] 루터는 신약성서를 번역한 후에 독자들이 성서를 바르게 이해할 수 있도록 서문을 공들여 썼다. 특히 "로마서 서문"에 애정을 많이 쏟았는데, 그 이유는 성서 전체와 복음을 이해하는 데 로마서가 가장 탁월하다고 여겼기 때문이다. 루터의 말을 빌리자면, 로마서는 '참으로 신약성서의 중심 부분이며 가장 순수한 복음'이다. 그러므로 그것을 매일 부지런히 읽는 것은 물론이고 한 단어도 놓치지 말고 외워 영혼의 양식으로 삼으라고 그는 추천하였다.

"로마서 서문"은 크게 두 부분으로 나뉜다. 첫 부분은 성서를 이해

9) "로마서 서문"에 대해서는 마틴 루터, "로마서 서문", 『루터를 안다』, 권진호 역 (대장간, 2019), 21~61 참조.

하기 위해 꼭 알아야 할 성서의 핵심 개념 '율법, 죄, 은혜/은사, 믿음, 의, 육/영'의 의미에 관해 설명한다. 둘째 부분은 로마서 각 장의 핵심 내용을 간략하면서도 구원론적 맥락에서 서술한다.

루터는 신학적으로 중요한 의미가 있으나 사람들이 많이 오해하는 율법에 초점을 맞추어 설명한다. 사람들은 율법을 흔히 행하거나 행하지 말아야 할 외적인 행위에 대한 가르침으로 여기고, 진정한 마음이 없어도 율법을 행하기만 하면 하나님의 율법을 지킨 것으로 생각한다. 그러나 하나님이 영이시듯 율법도 영적인 것이기에 율법은 우리의 마음 중심에서 선에 대한 즐거움과 사랑을 가지고 자발적으로 하는 행위를 요구한다. 다시 말해 율법은 마음과 행동의 동기를 살피며 자발적인 순종을 요구한다. 처벌이 두려워 행하거나 상을 받기 위해 행하는 것은 율법의 요구를 만족시키기에는 충분치 못하다. 율법이 존재하지 않았다면 다르게 행했을 것이기 때문이다. 루터는 '율법의 행위'와 '율법의 성취'를 구분하여 즐거움과 사랑을 가지고 자발적으로 선한 일을 행하는 것만이 율법을 성취하는 것이라고 강조한다.

하지만 '모든 사람이 거짓말쟁이'(시 116:11)라는 시편 기자의 말처럼, 인간은 본래 선을 싫어하고 악을 즐거워하므로 하나님의 율법을 지키거나 성취할 수 없다. 아니, 오히려 율법은 인간에게 미움의 대상이다. 율법의 요구가 많아질수록 인간은 율법을 더욱 미워하게 된다. 그것은 율법이 악하기 때문이 아니라 옛사람의 악한 본성이 율법이 요구하는 선한 것을 참을 수 없기 때문이다. 마치 병든 사람에게 달리고 뛰라는 감당할 수 없는 요구로 고통스러워하는 것과 매한가지이다. 결국 율법은 죄를 기억나게 하고, 죄를 통해 죄인 된 우리를 죽이고 영원한 진노를 면할 수 없게 만든다.

여기서 우리는 사람이 의롭다 함을 받고 구원받기 위해 율법 이외의 것, 율법 이상의 것이 필요함을 알 수 있다. 바로 그리스도에 대한 믿음이다. 믿음만이 성령을 임하게 하고, 성령은 율법의 성취, 즉 율법을 즐거워하며(시 1:2) 사랑하고 율법에 자발적으로 순종하게 한다(롬 5:5). 성령은 그리스도에 대한 믿음 안에서, 믿음을 통해, 믿음에 의해서만 주어지며, 믿음은 고난받고 부활하신 그리스도의 복음을 들음으로만 주어진다(롬 4:25, 10:17). "이 복음은 모든 믿는 자에게 구원을 주시는 하나님의 능력이 됨이라"(롬 1:16)는 말씀처럼 우리에게 전해진 복음을 듣고 믿는 순간, 성령은 우리 마음에 역사하여 우리를 마귀와 죄로부터 자유하게 한다. 루터에 따르면 믿음은 성령을 임하게 하고 성령은 율법이 요구하는 기쁘고 자발적인 마음을 갖게 하므로 '선행은 믿음으로부터 나오는 것'이다.

그럼, 믿음이란 무엇인가?

> "믿음은 우리 안에서 행하시는 하나님의 역사로 … 우리를 변화시키고 하나님에 의해 새롭게 태어나게 하며 옛 아담을 죽이고 우리의 마음과 감정과 생각과 능력을 완전히 변화시키는, 성령을 동반하는 하나님의 강력한 역사이다."[10]

---

10) 웨슬리가 루터의 "로마서 서문"의 어느 부분을 듣고 회심하게 되었는지는 정확히 말하기 어렵다. 혹자는 이것이 로마서 3장에 대한 설명 부분(인간이 하나님 앞에서 의롭게 되고 구원받는 방법 요약)이라고 말하지만, 필자는 저명한 웨슬리 학자 슈미트(M. Schmidt)의 견해에 동의하는데, 바로 위에서 인용한 부분이다. 참조. 마틴 슈미트, 『존 웨슬리(상)』, 김덕순 외 공역 (은성, 1997), 342.

즉 죄를 용서(칭의)할 뿐만 아니라 중생하고 성화하게 한다. 성령을 통하여 우리를 변화시키는 하나님의 역사인 '믿음'은 우리로 끊임없이 선을 행하게 한다. 이러한 믿음을 가진 그리스도인이 선행을 하지 않거나, 하나님에 대한 사랑과 찬양으로 자발적으로 선을 행하고 이웃을 섬기고 모든 것을 인내하지 않는 것은 불가능하다고 루터는 확신한다. 열과 빛을 불에서 분리하여 생각할 수 없듯이, 행위를 믿음에서 분리하는 것은 불가능하다. 결국 선행은 믿음에서 나온다. 자발적인 참된 순종도 믿음에 근거하고, "평화, 기쁨, 하나님 사랑과 이웃사랑, 그리고 환난과 고난 가운데서 갖는 확신과 담대함, 용기와 소망" 역시 참된 믿음에 뒤따르는 열매이다.

마지막으로 루터는 로마서의 구조를 다음과 같이 구원론적 맥락에서 이해하였다.

<table>
<tr><th></th><th>장별 주제</th><th>구원론적 주제</th></tr>
<tr><td>1장</td><td>인간의 죄(이교도)</td><td rowspan="3">죄를 드러내고 의에 이르는 믿음의 길</td></tr>
<tr><td>2장</td><td>위선과 자기 의(유대인)</td></tr>
<tr><td>3장</td><td>모든 인간은 죄인이다</td></tr>
<tr><td>4장</td><td>항의와 반대에 대한 답변과 예증(아브라함, 다윗)</td><td>믿음에 관한 교리 확증</td></tr>
<tr><td>5장</td><td>믿음의 열매와 믿음의 행위</td><td>믿음에 뒤따르는 열매</td></tr>
<tr><td>6장</td><td>영과 육의 싸움</td><td rowspan="3">옛 아담을 죽이고 육을 제어하는 믿음의 일</td></tr>
<tr><td>7장</td><td>그리스도인 안에 있는 갈등</td></tr>
<tr><td>8장</td><td>영과 육의 본질</td></tr>
</table>

<table>
<tr><td>9장</td><td rowspan="3">예정 혹은 선택</td><td rowspan="3">예정[11)]</td></tr>
<tr><td>10장</td></tr>
<tr><td>11장</td></tr>
<tr><td>12장</td><td>참된 예배</td><td rowspan="4">그리스도인의 행동에 관한 구체적 지침</td></tr>
<tr><td>13장</td><td>세상정부에 순종</td></tr>
<tr><td>14장</td><td>약한 형제에 관용</td></tr>
<tr><td>15장</td><td>그리스도인의 사랑</td></tr>
<tr><td>16장</td><td>인사, 경고</td><td>인사</td></tr>
</table>

루터의 "로마서 서문"은 '오직 그리스도를 믿음으로 의롭다 함을 받는다'는 핵심적 종교개혁사상인 칭의론을 그리스도인의 삶에 탁월하게 적용하고, 그리스도에 대한 믿음만이 율법을 성취하고 선행과 참된 순종의 유일한 원천임을 명확히 보여준다. 이것은 오늘날 '오직 믿음'의 능력을 깨닫지 못하거나 오해하는 한국 그리스도인들에게 귀한 가르침이 될 것이다.

11) 여기서 '예정'이 구원론의 맥락에서 위치하는 순서에 주목해야 한다. "하나님의 예정 가르침은 우리의 구원이 전적으로 우리의 손에서 취해져 오직 하나님의 손에 놓이도록 하기 위한 것이다. 이것이야말로 완전히 필요한 가르침이다. 왜냐하면 우리는 연약하고 불확실하여, 만일 구원이 우리에게 달려 있다면 단 한 사람도 구원받지 못할 것이기 때문이다. 악마는 분명 우리 모두를 압도할 것이다. 그러나 하나님은 신뢰할 만하여 그의 예정은 실패할 수 없고 어느 사람도 그를 제지할 수 없으므로, 우리는 죄에 직면해서도 여전히 소망을 갖는다. … 고난과 십자가와 죽음의 곤경을 겪지 않고 예정을 다루게 되면 해를 입고 하나님에 대해 은밀한 노여움을 갖게 된다"("로마서 서문", 56~57).

4

오직, 믿음이다

종교개혁의 핵심 가르침은 칭의론이다. 인간이 하나님께 의롭다 함을 받고 구원을 받는 것은 인간의 노력과 행위를 통해서가 아니라 오직 하나님께로부터 온다는 가르침이다. 루터는 칭의론을 '교회를 세우기도 하고 넘어지게도 하는 교리'로 보았다. 칭의론과 관련하여 '오직'으로 이루어진 네 가지 표어, '오직 은혜', '오직 그리스도', '오직 믿음', '오직 성서(말씀)'가 있다. 이 표어들은 '오직'이라는 말을 통해 칭의론의 각 핵심요소를 중요하게 부각하는 동시에 다른 요소, 즉 인간의 공로, 성인(聖人), 행위, 전통 등은 철저하게 배제한다. 성서(sola scriptura)가 증언하는 것처럼 하나님이 오직 그리스도(solus Christus) 안에서, 오직 은혜(sola gratia)로, 오직 말씀(solum verbum)을 통해 행하시는 것에 대해 인간 편에서 할 수 있는 것은 오직 믿음(sola fide)인 것이다. 그렇다면 '오직 믿음'이란 무슨 의미일까?

'오직', 역사적인 논쟁거리가 되다

단어 하나가 교회사에서 논쟁거리가 될 수 있을까? '오직'이라는 단어가 바로 여기에 해당한다. 루터가 주장한 '오직 믿음에 의한 칭의'의 근거이자 종교개혁의 선언문에 속하는 로마서 3장 28절의 헬라어 원문에는 '오직'이라는 단어가 없다. 다른 성서번역본들, 그리고 개역

개정이나 새번역에도 마찬가지이다. 그런데 루터는 '오직'을 추가하여 '오직 믿음으로'(allein durch den Glauben), 이렇게 번역한 것이다. 이 때문에 루터는 당시 적대자들로부터 수많은 비난을 받았다. 일점일획도 아니고 두 글자를 첨가하다니(참조. 마 5:18)! 그러나 루터는 이 단어가 복음의 이해를 위해 절실하게 필요하다고 보았다.

루터는『번역에 관한 공개서한』(1530)이라는 작품을 써서 자신의 번역을 스스로 변호하기까지 했다. 여기서 '오직'이라는 말을 첨가한 근거 두 가지를 제시한다. 첫째, 독일어의 본질에 근거한 것이다. '오직'의 추가는 본문에 없는 것을 덧붙이거나 내용을 변조하는 것이 아니라, 문맥 속에서 그 구절의 의미를 오해 없이 명료하게 이해하게 하기 위한 것이라고 밝힌다. 둘째, 신학적인 근거 때문이다. 루터는 복음에 대한 성서의 총체적 이해를 바울의 언급에 기초하여 이해하고자 하였다. 바울은 하나님 앞에서 의롭다 함을 받는 것은 인간의 행위가 아닌 오직 하나님에 대한 신뢰로만 가능하다고 보았다. 따라서 칭의에서 행위가 철저하게 배제된다는 사실을 분명하고도 명료하게 말하고자 하는 자는 "행위가 아니라 '오직' 믿음이 우리를 의롭다 한다고 말해야만 한다."[12] 결국 루터가 '오직'을 추가한 것은 독일어의 언어적 특징과 신학적인 내용 자체의 요구에 의한 것이었다.

오직 믿음으로 의롭다 함을 받은 세리

오직 믿음에 의한 칭의론을 이해하기 위해 세리의 기도(눅 18:9~14)

12) E. K. Cameron ed., The Interpretation of Scripture. The Annotated Luther vol. 6 (Fortress Press, 2017), 34.

에 관한 루터의 해석을 살펴보자.[13] 이 말씀은 칭의의 본질을 잘 드러내고, 특히 칭의가 추상적인 이론이 아닌 실제의 삶과 연결되어 있음을 깨닫게 한다. 루터는 자신의 가슴을 치는 세리의 행동을 그의 마음의 의로움에서 나온 열매로 보았다. 그러면 마음의 의로움, 즉 세리의 의는 어디서 온 것일까? 그는 분명 어디선가 복음의 말씀을 들었고, 들음으로써 믿음이 생기고 그 믿음으로 의롭다 함을 받은 것이다. 그 증거는 "하나님이여 불쌍히 여기소서, 저는 죄인이로소이다"라는 세리의 고백에서 찾을 수 있다. 이 고백은 하나님의 말씀에 의해서만 가능하지 인간의 이성으로는 깨달을 수 없는 내용이다. 세리는 복음을 듣고 믿었기 때문에 자기 가슴을 친 것이다. 만일 그에게 믿음이 없었다면 가슴을 치거나 회개하는 일은 없었을 것이다. 세리의 고백은 사실상 하나님께 영광을 돌리는 것이요 바른 예배를 드리는 것이다. "죄인인 저에게 은혜를 베푸소서"라는 고백은 "저는 죄인입니다. 저는 당신의 말씀을 사실로 인정하며 고백합니다"라는 뜻이다. 즉 자신이 죄인임을 고백하며 하나님께 영광을 돌리는 것이다. 루터는 이것이 믿음의 바른 열매이고, 이것을 통해 세리의 믿음을 확인할 수 있다고 본다. 열매를 통해 나무를 알 수 있다는 예수님의 말씀처럼 말이다.

그럼 세리는 어떻게 의롭게 된 것일까? '오직 믿음으로'이다. 도대체 믿음의 능력은 무엇인가? 루터는 믿음이 세리의 마음과 하나님의 이름이 하나 되게 했다고 말한다.[14]

---

13) 참조. 마틴 루터, "바리새인과 세리의 기도", 『루터, 구원을 설교하다』, 권진호 역 (대장간, 2020), 40~58.

14) 참조. 마틴 루터, 『말틴 루터의 갈라디아서 강해(하)』, 김선희 역 (루터대 출판부,

> "만일 마음(heart)속에서 진실하게 하나님의 이름을 부르면 인간의 마음과 주님의 이름은 서로 달라붙고 하나가 된다."
> "깨끗하고 거룩하며 의롭고 진실하며 좋은 주님의 이름은 사람의 마음을 완전히 자신과 똑같이 만든다. … 주님의 이름을 믿는 자들에게는 모든 죄가 용서되고 의롭다 함을 받는데, 바로 '주님, 당신 이름 때문'(시 25:11)이다."

루터는 믿음이 그리스도인을 하나님의 말씀과 하나 되어 말씀의 능력(거룩, 진실, 의, 자유)에 참여하게 하고, 그리스도인의 영혼을 그리스도와 연합하게 하는 능력이 있다고 강조하였다.[15]

> "영혼은 행위가 아니라 오직 믿음으로 하나님의 말씀에 의해 의롭고 거룩하며 참되고 화평하며 자유하게 되고 모든 선한 것으로 가득 채워진다. 그리고 그 영혼은 실제로 하나님의 자녀가 된다"(요 1:12).

오늘을 위한 '오직 믿음'의 의미

오직 믿음으로 의롭다 함을 받는다는 칭의 교리는 복음의 핵심에 해당하지만, 교회의 역사에서 오해와 비판의 대상이 되어왔다. 오늘날에도 이 가르침을 놓고 "어떻게 믿음으로만 구원받는가, 착하게 살아야 하지"라고 말하는 신앙인들이 있다. 한국교회의 위기와 윤리성 부재를 '오직 믿음'을 강조하는 가르침 때문이라고 지적하는 학자들도 있다. 하지만 이것은 '오직 믿음'에 대한 오해에서 비롯한 것이다. '오

2003), 313~315.

15) 참조. 마틴 루터, "그리스도인의 자유", 『루터를 안다』, 권진호 역 (대장간, 2019), 87~95.

직 믿음'의 의미를 다시 되새길 이유가 바로 여기에 있다.

먼저, 사람들은 믿음을 인간의 일 또는 할 수 있다는 신념 정도로 이해하기도 한다. 하지만 루터가 말하는 믿음은 하나님의 역사이자 능력이다.

> "믿음은 매우 강력하고 활동적이며 생동감 있고 부지런하여 인간을 새롭게 하고 중생하게 하며 새로운 삶의 방식과 존재로 인도한다."[16]

믿음은 하나님의 선물이다. 누군가 믿고 있다면, 그것은 성령의 역사에 의한 것이고 하나님의 은혜로 말미암은 것이다. 하나님에 의해 주어지는 믿음, 즉 '믿음의 수동성'에 대해 루터는 "마리아 찬가"(눅 1:46 이하)에서 마리아가 "내가 주를 찬양하네"라고 하지 않고 "내 영혼이 주를 찬양하네"라고 말한 것에 주목한다. '영혼'은 인간의 깊은 내면의 영역으로 인간의 힘으로 손을 뻗쳐 다다를 수 있는 곳이 아니다. 이 영혼에서 인간이 조종할 수 없는 감정과 정서가 생겨난다. 무엇인가를 즐거워하는 경우를 한번 생각해 보라. 루터는 하나님을 즐거워하는 것을 믿음의 특징으로 자주 언급했다. 영혼이 하나님 찬양하기를 즐거워하는 것이 인간의 일인가? 아니다. 이것은 오로지 하나님이 하시는 일이다. 인간은 단지 자신의 경험을 통해 인식할 뿐이다. 이처럼 믿음도 우리 영혼 안에서 (수동적으로) 일어나는 하나님의 역사이다.

둘째, '믿기 때문에' 의롭게 되는 것인가? 사실 칭의의 전제조건이

---

16) 마틴 루터, "불의한 재물에 관한 설교", 『루터를 안다』, 권진호 역 (대장간, 2019), 163.

'믿음'이고 이를 인간에게 요구한다면, 인간은 죄인이기에 이 조건을 성취할 수 없다. 유일한 해결책은 하나님께서 은혜로 죄인의 칭의에 필요한 것을 제공하시는 것이다. 우리는 선물을 받아들일 뿐이다. 어쩌면 '하나님의 은혜에 근거하여 믿음으로' 의롭다 함을 받는다고 하는 것이 더 정확한 표현일 수 있다. 오직 믿음에 의한 칭의는 하나님께서 우리 죄인들의 구원에 필요한 모든 일을 행하신다는 사실, 즉 하나님의 은혜를 확증하는 일이다.

셋째, 루터는 『갈라디아서 강해』(1535)에서 그리스도를 '붙잡는 믿음'(fides apprehensiva)을 의롭다 함을 받게 하는 믿음의 본질로 간주한다. 믿음으로 의롭다 함을 얻는 것은 "믿음으로 보화, 즉 함께 하시는 그리스도를 붙잡는 것이기에 가능한 일이다."[17]

> "믿음으로 그리스도를 붙잡을 때 우리는 율법과 죄와 사망과 마귀를 이기신 정복자를 우리의 것으로 소유하고 그분과 함께 하는 삶을 살게 된다."

루터에게 '오직 믿음'이란 '오직 그리스도,' 즉 구원의 근거를 오직 그리스도의 공로에만 둔다는 의미이다. 그래서 "많이 행하는 자가 의로운 것이 아니라 행위 없이 그리스도를 확고하게 믿는 자가 의로운 것이다."

넷째, '오직 믿음'에 대한 가장 흔한 오류는 이것이 선행을 소홀히 하고 도덕적 방종을 불러온다는 주장이다. 이에 대한 루터의 대답은 단 한 가지, 이러한 주장을 하는 사람은 믿음이 무엇인지 전혀 모르

17) 마틴 루터, 『마르틴 루터. 갈라디아서』, 김귀탁 역 (복있는 사람, 2019), 142.146.

며 믿음의 능력을 조금이라도 경험해 보지 못했다는 것이다. 믿음으로 의롭게 된 사람은 로마서 5장 5절처럼 성령이 사랑으로 그를 충만하게 하고 마음을 평안하고 즐겁게 하여 모든 선한 일을 행하며 모든 악을 극복한다고 루터는 주장한다. 믿음에 성령이 함께 하시기 때문에 가능한 일이다. 따라서 "믿음이 선행을 중단하는 것은 불가능하다. 믿음은 선행을 해야 하는지 묻지 않으며, 오히려 그러한 질문을 하기 전에 이미 선행을 하며 계속하여 역사한다. 그렇게 행하지 않는 자는 누구나 불신앙인이다."[18]

아직도 구원이 오직 믿음으로는 불충분하여 선행이 더해져야 한다고 주장하는 사람은 다음 루터의 경고를 듣길 바란다. "그 즉시 믿음과 선행 모두를 잃게 될 것이다." 오직 믿음으로 구원받은 자에게 선행은 함께 따라오는 것이다. 한국교회가 오류를 되풀이하지 않기 위해서는 '오직 믿음으로' 구원받는다는 가르침에 초점을 맞춰야 한다. 이 가르침을 고수하는 것, 이것만이 한국교회가 바로 서고 부흥하는 길이라고 감히 주장하고 싶다.

18) 마틴 루터, "로마서 서문",『루터를 안다』, 권진호 역 (대장간, 2019), 40.

II

믿음의 기초와 성장

AETHERNA IPSE SVAE MENTIS SIMVLACHRA LVTHERVS
EXPRIMIT AT VVLTVS CERA LVCAE OCCIDVOS
M·D·X·X·

5

성례, 인간의 연약함에 눈높이를 맞춘 하나님의 은혜

로마 가톨릭교회는 예배의 중심이 성례인 반면, 개신교회는 말씀 중심의 예배를 강조한다. 역사적으로 개신교회는 성례를 홀대하기도 했다. 성례를 강조하면 마치 로마 가톨릭교회의 가르침을 옹호하는 것으로 비쳤기 때문일 것이다. 최근에는 성례에 신비한 힘이 있기라도 한 것처럼 성례를 교회 부흥의 수단으로 생각하는 목회자들도 생겨났다. 또한 설교 중심에 사로잡힌 개신교회를 향해 성례 중심의 예배를 회복해야 한다는 목소리도 들린다. 그런데도 성례가 지닌 의미는 깊이 되새기지 않는다. 가톨릭교회의 7성례(세례, 성만찬, 고해, 견진, 혼인, 임종, 서품) 중에 루터와 개신교가 성례로 인정하는 세례와 성만찬이 지닌 의미는 무엇일까?

성례, 눈에 보이는 하나님의 은혜

성례는 '은혜의 수단'이다. 하나님의 은혜가 우리에게 임하는 통로라는 뜻이다. 성례는 또한 비가시적인 하나님 은혜를 눈으로 보게 하는 표시다. 바꿔 말하면, 하나님이 인간의 연약함에 눈높이를 맞추신 것이 바로 성례다. 연설자가 청중의 요구와 수준을 고려하여 적절한 연설 방식을 찾듯, 하나님은 우리가 하나님의 약속을 믿는 데 어려움이 있음을 아시고 약속의 말씀을 눈으로 보고 손으로 만지게 하신 것

이다. 즉 성례는 인간의 연약함에 대한 하나님의 응답이다.[19]

성례의 결정적인 요소는 하나님의 말씀, 즉 약속이다. 약속의 내용은 죄의 용서이다. 약속이 없다면 성례는 무익하다. 만일 성례에서 하나님의 말씀을 무시한다면, 세례의 물은 H_2O로 된 물질일 뿐이고, 성만찬의 떡과 포도주는 단지 먹거리에 지나지 않는다. 성례에 담긴 하나님의 약속은 믿음과 불가분의 관계다.

> "약속과 믿음, 두 요소가 동시에 필요하다. 약속 없이는 그 어떤 것도 믿을 수 없다. 또한 믿음이 없는 약속은 무의미하다. 약속은 믿음을 통해 지지받고 성취되기 때문이다."[20]

성례 자체가 아니라, 그 안에 주어진 약속에 대한 믿음이 의롭다 함을 받게 한다. 성례는 '행해졌다는 사실' 때문이 아니라 오직 '성례에 대한 믿음' 때문에 효력이 생기고 성취되는 것이다.

성례는 하나님의 약속 또는 말씀이 우리에게 다가오는 또 하나의 형태이다. 루터는 성례가 설교보다 더 구체적으로 개별화하는 특징이 있다고 보았다. 말씀의 선포는 모든 사람에게 일반적으로 적용되는 보편성을 지닌 반면, 성례는 각 개인에게 행하는 의식이기 때문이다. 성례는 개별적 존재인 '나'에게 베풀어지고 그 약속이 '내게' 적용되어 '나의' 믿음을 강하게 한다. '내' 몸이 물로 씻기고, '내' 머리에 손이 놓이고, 떡이 '내' 입술 사이에 있고, 포도주가 '내' 입에 있기 때문이다. 성례는 "여기를 보라, 이 약속은 바로 너에게 유효하다"라는 사실을

19) 참조. A. E. 맥그라스, 『종교개혁시대의 영성』, 박규태 역 (좋은씨앗, 2006), 266~269.

20) 지원용 편, 『루터 선집 제7권』 (컨콜디아사, 1986), 156 참조.

표현하는 하나님의 수단이다. 따라서 성례는 하나님이 우리를 만나기 위해 이 땅에 내려오시는 통로가 된다. 루터는 성례가 '나를 위해' 존재한다는 사실을 강조하였다. 이것은 특히 성만찬에 적용된다.

나는 유학 시절 독일 루터교회의 성만찬에 자주 참여하였다. 성도들이 성찬대에 반원형으로 둘러서서 떡과 포도주를 나누며 옆 사람에게 선포하는 감동적인 말은 아직도 기억에 생생하다.

> "이 떡은 '당신을 위해' 찢기신 예수님의 몸입니다. 이 포도주는 '당신을 위해' 흘리신 예수님의 피입니다."

성례는 항상 '나'와 관련되는, 설교보다 더 구체적으로 개개인에게 적용되는 은혜의 수단이다.

죄 용서의 세례

물로 세례를 베푸는 것은 인간의 행동인 동시에 하나님의 행동이다.

> "인간이 세례를 베풀지만, 사실은 그가 세례를 주는 것이 아니다. 세례받는 자를 물에 잠기게 하는 것은 인간이다. 하지만 인간이 자신의 권위로 하는 것이 아니라 하나님을 대신하는 것이다. 인간의 손에 의해 이루어지는 세례를, 마치 그리스도 자신이, 아니 하나님 자신이 그의 손으로 우리에게 세례를 주시는 것처럼 받아들여야 한다."[21]

---

21) 지원용 편, 『루터 선집. 제7권』 (컨콜디아사, 1986), 176 참조.

세례에서 행하시는 분은 하나님이며, 세례는 하나님의 행위이자 일이기 때문이다.

세례의 의미는 새로운 시작이다. 하나님이 우리를 붙잡고 당신의 소유로 만드시는 사건이다. 세례로써 우리는 죄와 죽음과 마귀로부터 해방되어 그리스도의 나라로 옮겨지고, 하나님 앞에서 순결하고 죄가 없게 된다. 루터에게 유의미한 세례의 성서적 근거는 마태복음 28장 19절과 특히 마가복음 16장 16절이다. "믿고 세례를 받는 사람은 구원을 얻을 것이요 …." 루터는 이 구절의 조합에서 세례가 지닌 약속의 특징을 추론하고, 세례를 죄 용서에 대한 하나님의 약속으로 이해한다.

루터는 세례라는 사건을 그리스도의 죽음과 부활에 비유하여 해석한다(참조. 롬 6:4). 익히 아는 것처럼 세례받을 때 물 아래로 잠기는 것은 우리가 그리스도 안에서 죽는다는 의미이고, 다시 물 위로 오르는 것은 그리스도가 죽음에 머무르지 않고 다시 사신 것처럼 우리도 그리스도 안에서 다시 산다는 의미이다. 죄가 우리 안에서 죽고 우리도 죄에 대해 죽었기 때문에 우리의 삶은 더 이상 죄 된 삶일 수 없다. 오히려 의와 거룩한 삶이다. 그리스도가 부활을 통해 전적으로 우리의 죄를 멸하셨고, 의의 순전한 삶을 성취하여 우리에게 전해주셨기 때문이다. 세례야말로 죄 된 자아를 죽이고 새사람으로 소생케 하는 하나님의 일이다.[22]

---

22) 참조. WA 22,97,3 이하.

매일 죽고 부활하는 영적 세례

루터는 세례를 그리스도인의 삶 전체와 관련지어 생각했다. 그는 그리스도인의 삶을 '죽음에 이르기까지 중단 없이 영적으로 세례를 받아야 하는 과정'으로 간주하였다. 그리스도인은 하나님의 표시인 세례를 받았지만, 또한 여전히 죄인으로서 하나님의 용서하심에 의존하여 살아야 한다. 다시 말해 세례를 통해 완전히 새로운 피조물로 변화되었어도, 우리는 육신 안에 머물기 때문에 옛 아담은 여전히 존재하며 계속 죄를 짓는다.

> "죄는 세례를 통해 완전히 용서되었다. 하지만 이것은 죄가 더 이상 존재하지 않는다는 말이 아니라, 더 이상 죄로 간주되지 않는다는 의미이다."

로마 가톨릭의 세례 이해에 따르면, 원죄 그리고 다른 모든 죄는 세례로 용서받아 세례자는 더 이상 본질적으로 죄인이 아니다. 다만 중대한 죄를 지어 세례의 은혜를 잃어버리면 세례만으로는 이전 상태로 돌이킬 수 없으며, 참회 성례가 필요하다고 보았다. 중세 가톨릭교회가 참회 성례를 강조한 이유가 여기에 있다.

하지만 루터의 생각은 달랐다. 그는 세례를 받음으로 온전히 순결해진다고 보지 않았다. 세례 이후에도 악한 성향은 존재하기 때문에 그리스도인은 평생 영적인 세례, 즉 죄인의 죽음과 부활이 필요하다고 보았다.[23] 따라서 영적인 세례의 과정은 그리스도인이 육체 가운데

23) 루터는 그리스도인의 삶이란 죽을 때까지 회개하는 삶이라 강조하며 회개를 '지속해서 세례로 되돌아가는 것'으로 보았다. 참조. 권진호, "교회의 바빌론 포로에 관하여. 전주곡",「목회와신학」2017.8, 130.

사는 동안 지속되고, 그것의 완성은 마지막 심판에서 이루어진다.

루터가 중요하게 여긴 것은 세례의 목회상담적 측면이다. 루터가 자신이 예정된 자에 포함되지 않았다는 마귀의 유혹을 받아 시련을 겪은 일은 익히 유명하다. 그럴 때마다 루터는 세례에 의지하였다. 즉 죄로 인해 양심이 시련과 고통을 당할 때 "그렇지만 나는 세례를 받았다"라고 말할 수 있음을 강조했다. 루터의 충고를 들어라!

> "너는 성례와 관련해 단 한 번 세례를 받았으나, 믿음을 통하여 항상 세례를 받아야 한다. 즉 항상 죽고 항상 살아야 한다."

우리는 세례의 표시와 능력을 갖고 있으며, 이것은 마지막 날에 완전하게 성취될 것이다.

떡과 포도주의 성만찬, 하나님 은혜의 담보

성만찬에 참여하는 이유는 죄의 용서라는 보화를 받기 위해서이다. 그리스도는 "받아 먹으라"는 약속의 말씀으로 죄 용서를 약속하고 또한 제공하신다. 성만찬이야말로 새로운 피조물을 먹이고 강하게 하는 영혼의 양식이다. 루터는 성만찬의 떡과 포도주에 그리스도가 실재한다고 이해했다. 그리고 성만찬에서 "이는 내 몸, 내 피이다"라는 말씀이 전하는 내용, 즉 십자가에 달리고 부활하신 주 예수 그리스도의 살과 피를 실제로 받는다고 확고하게 주장했다. 하나님이 우리에게 선사하신 죄 용서는 단지 구술로 된 선포나 단순한 언급이 아니다. 오히려 그것은 하나님이 작고 사소한 것, 이 세상의 물질(떡과 포도주)에 내려오심으로써 우리 안에 실제로 이루어지는 참된 죄 용서이다.

루터는 떡과 포도주에 담긴 죄 용서의 약속, 즉 성만찬이 가진 약속의 확실성을 위해 '담보'라는 개념을 사용한다.[24] 그리스도는 우리가 그의 약속을 확신하고 주저 없이 의지하도록 가장 귀하고 값진 보증과 담보, 즉 떡과 포도주로 그의 살과 피를 주셨다. 이 담보는 그리스도가 자신의 삶을 내어주셔서 우리가 은혜의 약속을 받아들이고 의지하게 하기 위함이다. 떡과 포도주는 하나님의 은혜가 실재인 동시에 고귀한 것임을 기억하게 하고, 은혜에 믿음으로 반응하도록 이끈다. 그리스도의 죽음은 하나님의 은혜가 신뢰할 만하다는 사실과 값비싼 가치가 있다는 사실을 보증한다.

성례는 하나님 은혜에 대한 가시적인 표시이다. 죄 용서에 대한 하나님의 약속이고, 이 약속의 확실성에 대한 담보이자 도장이다. 하나님의 약속을 확신하게 함으로써 우리의 믿음을 불러일으켜 강하게 하고, 영적인 싸움을 하는 데 도움을 준다. 성례, 바로 세례와 성만찬이야말로 오늘날 한국교회가 재발견하고 회복해야 할 귀중한 영적 자산이다.

24) 참조. A. E. 맥그라스, 『종교개혁시대의 영성』, 270~271.

6
복음이 낳은 피조물, 교회

“예수님은 좋은데 교회는 싫다”는 말을 가끔 듣는다. 매스컴에서 들려오는 교회에 대한 안타까운 소식들 때문에 나오는 말이다. 진정한 교회의 모습, 교회의 본질이 무엇인지 고민하지 않을 수 없다. 교회는 세상 가운데 서 있지만, 세상에 속한 것은 아니다. 그래서 교회가 세상 사람들 눈에는 수수께끼처럼 보일 수 있다. 눈에 보이는 십자가 건물만이 교회가 아니라는 사실을 중생하지 않은 자들은 이해할 수 없다. 그렇다면 교회란 무엇일까? 루터의 교회론으로 교회가 지닌 의미를 살펴보자.

가시적 교회와 비가시적 교회

교회는 눈에 보이는 것이 전부가 아니다. 어찌 보면 이 사실은 우리 그리스도인들에게 위안이 된다. 교회는 눈에 보이는 형태와는 다른, 아니 그 이상의 존재임이 분명하기 때문이다.

루터는 교회를 눈으로 볼 수 있는 ‘가시적 교회’와 눈으로 볼 수 없는 ‘비가시적 혹은 감추인 교회’로 구분하며 교회의 본질을 소개한다. 가시적 교회는 하나님의 말씀이 공적으로 선포되는 곳에 존재하고, 비가시적 교회는 하나님의 말씀이 성령의 내적인 역사로 믿음을 불러일으키는 곳에 존재한다. 사실 루터가 주장하는 교회란 제도와 직무를 포함한 외적인 공동체를 말하기보다는 같은 믿음과 같은 소망을 가진 자들의 내적인 연합을 뜻한다. 따라서 교회는 비가시적인 영적 공동체이자 시대와 장소를 초월하여 믿는 자들이 연합한 공동체인 것이다. 한편 이와는 다른 의미, 즉 가시적 교회의 모습이 있다. 이것은 유형의 건물과 제도, 다양한 형태와 직무로 이루어진 모임을 뜻한다. 세례받은 모든 신자, 말씀의 선포를 듣고 기독교 신앙을 고백하는 자들은 모두 이 교회에 속한다.

가시적 교회와 비가시적 교회는 이렇게 분명하게 구별되지만, 실제는 분리되어서는 안 되고 오히려 가능한 한 밀접하게 결합해야 한다. 참된 교회는 보이지 않는 내적, 영적인 모임이지만, 하나님의 말씀을 선포하고 성례를 베푸는 가시적 교회 없이는 존립 목적을 달성할 수 없기 때문이다. 그렇다고 해서 제도적인 교회와 비가시적 교회가 일치하는 것은 아니다. 가시적인 교회라는 의미에서 다양한 형태와 교파, 그리고 제도를 가진 여러 교회들이 존재한다. 그와 동시에 우리에게는 '하나의 교회'(una ecclesia), 오직 하나의 교회만이 존재한다. 비가시적, 본질적인 교회라는 의미에서 그렇다.

성도들의 교제

교회는 사도신경에서 고백하는 것처럼 '성도들의 교제'(communio sanctorum, 성도들의 공동체)이다. 루터는 '성도들의 교제'를 '거룩한 자들의 공동체' 혹은 '거룩한 공동체'로 이해하였다. 즉 교회란 예수 그리스도를 믿는 믿음을 통해 의롭다 함을 받은 자들의 모임이다. 여기서 그리스도를 믿는 '성도'(聖徒)의 거룩함은 소수의 매우 뛰어난, 세상과 구별된 그리스도인의 자질이나 특권이 아니라, 그리스도 안에 있는 모든 그리스도인에게 부여된 것이다. 다시 말해 그리스도인은 자신의 거룩함 때문이 아니라 교회의 머리이자 토대가 되시는 그리스도의 거룩함 때문에 성도라고 불리는 것이다. 성도는 공동체의 특별한 그룹이 아니라 공동체의 모든 지체이며, 그리스도를 믿는 모든 사람을 가리킨다. 성도는 하늘뿐만 아니라 이 땅의 우리 가운데서도 발견된다. 성도 가운데 그리스도가 거하고 활동하며 은혜와 죄의 용서로 다스리시고, 성령은 날마다 죄를 정화하고 삶을 새롭게 하신다. 그래서 그리스도인은 죄에 머물지 않고 선행을 하는 새로운 삶을 살 수 있다. 또한 마땅히 그런 삶을 살아야 한다.

여기서 우리는 한 공동체가 다른 공동체보다 우월하다고 주장할 수 없다는 사실에 주목해야 한다. 오늘날 본인이 속한 교회는 특별하며, 극단적인 경우에는 자신이 속한 공동체에만 성령이 역사하고 직통 계시한다고 주장하는 자들이 있다. 그러나 그것은 옳지 않다. 성령의 역사에 대한 보증은 인간의 영역이 아니며, 제도가 그것의 전제조건이 될 수 없기 때문이다. 또한 교회 안에는 참된 성도만 있는 것이 아니라 예수님의 말씀처럼 '가라지'도 존재한다. 즉 '섞여 있는 몸'(corpus permixtum)이다. 오늘날 교회가 사회의 손가락질을 받는 것은 이 때문일 수 있다. 섞여 있는 몸인 가시적 교회만을 바라보면 그럴 수밖에 없다. 참되게 믿는 자들의 공동체, 즉 비가시적 교회가 참된 교회이지만, 가시적 교회에 진정으로 믿는 자들과 위선자들이 섞여 있는 것은 그리스도의 재림 때까지 받아들여야 할 현실이다. 그렇다고 루터 당시 열광주의자들(재세례파)처럼 참된 교회, 즉 참된 신자들만의 모임을 이루기 위하여 가시적 교회를 포기하는 것도 옳지 않다. 믿음이 외적인 성례전과 말씀에 결합되어 있듯이, 말씀이 선포되고 성례가 베풀어지는 모임에서 참된 그리스도인의 교제가 이루어지기 때문이다.

교회의 기초

초대교회부터 교회는 '하나이고 거룩하며 보편적'이라고 고백해 왔다. 교회의 거룩함은 '하나님의 말씀과 참된 믿음'에 달렸으며, 여기에 어떤 외적인 행위의 기여는 일체 배제된다.[25] 오직 그리스도를 믿는 믿음만이 거룩하게 하기 때문이다. 거룩함의 주체는 우리 자신이 아닌 그리스도이다. 따라서 기독교 교회의 기초는 예수 그리스도이다. 그는 포도나무이며 우리는 세례로 그 나무에 접목된 것뿐이다. 또한 교회의 머리는 그리스도이다. 교회는 그의 몸이요, 십자가의 죽음으로 거룩하게 된 우리는 교회의 지체이다.

교회는 '복음의 피조물'(creatura evangelii)이다. 믿음을 일깨워 교회를 만드는 복음의 본질 때문이다. 루터는 교회의 존재와 삶 전체가 하나님의 말씀 안에 있다고 말할 정도로 교회라는 존재에서 복음을 가장 본질로 보았다. 복음은 하나님이 새로운 것을 창조할 때 사용하시는 도구로, 이것으로 교회가 창조되었기 때문이다. 바꿔 말하면 이 땅 위에 존재하는 교회는 복음선포의 열매이다. "예수 그리스도가 하나님 나라를 선포하셨고, 그 결과가 교회였다." 결국 교회는 복음이 낳은 피조물이며, 그리스도의 복음이 현존하는 장소이자 다가오는 하나

25) 슈말칼덴 신조 3부 12항.

님 나라를 보증하는 보증금인 셈이다.

루터가 교회를 강조하는 이유 중 하나는 성도의 공동체에서 그리스도를 만날 수 있기 때문이다.

> "그리스도를 만나고자 하는 사람은 먼저 교회를 찾아야 한다. … 교회를 확고하게 의지하는 자는 그리스도와 함께하고 있음이 분명하다."[26]

교회! 바로 이곳에서 말씀이 선포되고, 그리스도는 그 말씀 안에 현존한다. 그리스도 자신이 곧 말씀이기에 말씀과 그리스도와 교회는 하나이다. 그리스도는 교회를 통한 복음선포로 자기 백성, 그리스도인들을 온 땅 위에서 모으신다. 키프리안(Cyprianus, 200-258)의 유명한 말처럼 루터도 "교회 바깥에는 구원이 없다"고 인정한다. 이것은 외적인 교회 제도에 속한 구성원이라는 사실이 구원의 전제조건이라는 의미보다는, 오직 예수 그리스도의 교회 안에서 복음을 만날 수 있고, 복음을 듣고 믿음으로 구원받는다는 것을 의미한다. 교회라는 실재는 하나님의 말씀에 기초한다. 교회는 개인을 구원하기 위한 하나님의 제도이다. 따라서 교회 밖에는 구원이 있을 수 없다.

참된 교회의 표지(標識)

그렇다면 어떻게 참된 교회를 구분할 수 있을까? 루터는 로마 가톨릭교회와 논쟁하면서 1520년에 세 가지 교회의 표지(notae ecclesiae), 즉 세례와 성만찬, 그리고 복음을 언급했다. 1539년『공의회들과 교회

---

26) WA 10I1,140,8~16.

들에 관하여』에서는 7가지 교회의 표지를 주장했다. 하나님의 말씀, 세례, 성만찬, 열쇠의 권세, 부르심과 임직, 하나님께 드리는 기도와 찬양과 감사, 십자가의 고난과 영적 시련이다. 그중 루터에게 가장 근본적이며 우선적인 것은 바로 설교에서 선포되는 하나님의 말씀이며, 그다음이 세례와 성만찬이다. 하나님의 말씀을 바르게 가르치는 곳, 성례를 바르게 베푸는 곳이 참된 교회의 모습이다.

교회의 표지들 중에 오늘날 그리스도인이 특히 유념해야 할 것은 바로 '십자가의 고난'이다. 교회는 평화로운 낙원이 아니며, 영원한 영혼의 평안만을 주는 곳이 아니다. 오히려 내적, 외적인 혼란을 포함한다. 교회는 십자가의 삶에서 인식되고, 십자가의 삶으로 세워진다. 루터는 나이가 들면서 박해를 받고 영적인 시련을 겪는 것, 그리고 원한을 갚지 않는 것을 참된 교회의 특징으로 부단히 강조했다. 따라서 "머리가 되시는 그리스도의 뜻에 따라, 마귀와 세상과 육신으로부터 오는 모든 불행과 박해, 영적 시련과 악을 참아야 하고 내적인 슬픔, 낙담, 두려움, 물질적 빈곤, 멸시, 질병, 연약함을 인내해야만 한다. 그리스도와 하나님 말씀에 확고하게 매달리고 … 그리스도 때문에 이 모든 것을 견뎌야 한다(마 5:11)."[27] 섬기는 자는 주인보다 더 크지 않다는 예수님의 말씀처럼, 교회는 예수 그리스도를 신실하게 섬기면서 그분처럼 인내하며 십자가를 져야 한다.

교회에 대해 루터는 이렇게 기도하였다.

27) 참조. 지원용 편, 『루터 선집. 제8권』(컨콜디아사, 1985), 315~316.

> "거룩한 기독교 교회가 있는 곳에서 우리는 창조주 하나님과 구속주 하나님, 그리고 성령 하나님을 만납니다. 거기서 날마다 죄의 용서를 통하여 거룩하게 됩니다. 교회는 이와 같은 믿음에 대한 하나님의 말씀이 바르게 선포되며 고백되는 곳입니다."[28]

교회야말로 말씀으로 그리스도인을 낳는 '산실'이자, 성령이 말씀으로 하나님의 백성인 성도를 세워나가시는 '현장'이다.

28) 마틴 루터, "간단히 기도하는 법", 『루터와 기도한다』, 권진호 역 (대장간, 2019), 94.

7

설교! 가장 위대한 예배

예나 지금이나 기독교 교회가 하나님의 말씀을 선포하는 설교와 흥망성쇠를 같이한다는 것은 부인할 수 없다. 교회는 설교와 함께, 설교 안에서, 그리고 설교로 서고 자라며 발전하였다.

설교가 교회의 역사에서 하나님을 섬기는 일 중에 가장 중요한 요소로 여겨지게 된 것은 루터의 종교개혁과 깊은 관련이 있다. 루터가 중세 가톨릭교회의 예배와 구별하여 강조한 점도 바로 '설교 없는 예배란 존재할 수 없다'는 사실이다. 루터는 1523년과 1526년에 쓴 예배 개혁에 관한 글에서 교회는 오직 하나님의 말씀을 설교하고 하나님께 기도하기 위한 목적으로 모여야 한다고 강조했다.

> "모든 것이 하나님의 말씀에 달려 있다. … 말씀 이외에 모든 것은 중지되어야 하고, 말씀보다 더 가치를 두어야 할 것은 없다."[29]

루터가 일으킨 종교개혁의 본질은 설교의 부흥 운동이다. 오늘날 한국교회의 현실을 바라볼 때 깊이 새길 부분이다. 설교자 루터와 그의 설교 사상에서 교훈을 얻어보자.

---

29) WA 12,37,26 이하.

복음 설교자 루터

루터는 1512년 비텐베르크 대학에서 박사학위를 받은 후 성서를 강해하는 교수인 동시에 비텐베르크 시립교회의 설교목사로 사역하였다. 학문적인 성서연구로 얻은 신학적인 통찰을 일반 성도들이 이해할 수 있는 언어로 설교하였다. 연구실에서 깨달은 복음을 설교 강단에서 그리스도인의 삶에 적용한 것이다. 사실 루터는 이러한 설교 직무에 더 큰 의미를 부여했다.[30]

루터에게 설교는 하나님 말씀 그 자체며, 구원을 중개하는 가장 중요한 수단(믿음은 들음에서 나기 때문)이었다. 루터는 설교의 중요성을 깨달았기에 설교자가 될 수밖에 없었다. 그는 자신의 본질적인 임무를 종교개혁에 두면서도, 자신을 '우리 주 예수 그리스도의 보잘것없는 복음 설교자'로 부를 정도로 설교의 직무를 중요시했다.

설교자 루터는 비텐베르크에서 유명하고 존경받는 인물이 되었고, 이러한 인기는 그의 종교개혁 활동의 기반이 되었다. 루터는 설교로써 종교개혁사상을 형성하고, 설교는 다시 종교개혁을 일으키는 결정적인 역할을 하였다.

그는 신학박사가 된 이후부터 세상을 떠나기 사흘 전까지 설교했다. 심지어 아플 때도 설교하는 일을 멈추지 않았다. 생전에 그는 3,000여 편의 설교를 했고, 그중 2,000여 편이 지금까지도 우리에게 전해진다.

---

30) 권진호, "매일의 설교자 마틴 루터",「신학사상」145 (2009), 223~244.

토르가우 성교회. 출처: Wikipedia

설교, 하나님을 섬기는 최고의 일

1544년 10월 5일 토르가우(Torgau)에서 '첫 번째 개신교 교회건축물'로 알려진 성(城)교회 봉헌예배를 드렸다. 이 예배에서 루터는 다음과 같은 말로 설교를 시작한다.

> "이 새로운 성전이 세워진 목적은 성전에서 다음과 같은 일만 이루어지도록 하기 위함입니다. 즉 사랑하는 우리의 주님 자신이 거룩한 말씀을 통해 우리에게 말씀하시고 우리는 기도와 찬양으로 주님께 대답하는 일입니다."[31]

교회와 예배의 본질에 관한 루터의 신학이 분명하게 엿보이는 대목이다. 교회 혹은 예배에서 이루어져야 할 핵심은 바로 하나님 말씀

31) 마틴 루터, 『설교집 1』, 이성덕 역 (컨콜디아사, 2017), 417~418 참조.

의 선포이며, 여기에 교인들은 기도와 찬양으로 응답해야 한다. 하나님의 말씀인 설교는 이렇게 루터를 통해 교회의 본질적인 핵심요소가 되었다.

설교의 가치를 높이 평가한 루터에게 설교는 '최고이자 최상으로 하나님을 섬기는 일(예배)'이었다. 루터는 1532년 8월 18일 작센의 선제후 요한의 장례식에서 다음과 같이 설교했다.

> "여러분들도 아시다시피 가장 위대한 예배(하나님 섬기는 일)는 설교입니다. 설교는 가장 위대한 예배일뿐만 아니라 우리가 드릴 수 있는 최상의 예배입니다. 이러한 엄숙한 슬픔의 상황에서는 더욱 그렇습니다(설교하는 것보다 더 좋은 일은 있을 수 없습니다)."[32]

루터는 설교의 의미와 중요성 때문에 사탄이 방해 공작을 펼친다고 말한다. 그는 1528년 부활주일 주간에 '그리스도의 부활에 대한 사탄의 방해'라는 주제로 네 편의 설교를 하였다.[33]

① 사탄은 그리스도가 부활하는 것을 막고자 했으나 참된 인간인 동시에 참된 하나님이신 그리스도의 부활을 막는 것은 불가능했다.
② 사탄은 이에 굴복하지 않고 그리스도가 부활하셨다는 사실이 널리 전파되지 못하게 계략을 펼쳤고, 그리스도 부활 당시뿐만 아니라 지금도 여전히 그리스도의 부활에 관한 설교를 방해한다.
③ 부활이 설교를 통해 널리 퍼지자 사탄이 취한 또 하나의 방법은

32) 참조. 권진호, "루터의 장례설교에 나타난 그리스도인의 죽음에 관한 고찰", 「한국교회사학회지」 28 (2011), 165~195.

33) 권진호, 『루터에게 설교를 맡겨라』 (두란노아카데미, 2011), 87 이하 참조.

선포된 그리스도의 부활을 사람들이 믿지 못하게 유혹하는 것이다.

④ 마지막으로 사탄은 믿음으로 인한 그리스도의 부활 능력이 행함으로 이어지지 않게, 즉 행함 없는 믿음을 갖도록 인도한다.

설교자, 하나님의 입의 전령

설교의 중요성과 맞물려 설교자의 위상도 높아진다.[34] 하나님은 설교자의 설교를 통해 일하신다. 설교란 '하나님께서 말씀하시는 것(deus loquens)'이다. 다시 말해 설교는 인간의 일이 아니라 하나님의 일이다. 하나님이 홀로 설교자가 되시므로 설교자는 '하나님께서 말씀하시는 수단인 혀를 가진 도구'에 불과하다.

설교에서 설교자는 하나님을 대신하여 말하는 것이기 때문에 모든 설교자는 소명을 확신해야 한다고 루터는 권고한다. 루터의 신념은 다음에서 잘 나타난다.

> "설교자는 하나님께서 자신의 입속에 계심(자신의 입으로 말씀하심)을 확신해야 한다. … 설교자는 자신의 설교가 마치 하나님 자신이 설교하시는 것이라는 확신을 가져야 한다."[35]

이런 점에서 설교의 말씀은 하나님의 말씀과 동일하다. 이러한 동일시야말로 설교에 최고 권위를 부여하는 것이다. 설교자의 입은 곧 그리스도의 입이기 때문이다. 따라서 설교자는 하나님의 대리자로서 사도들과 동등한 위치와 권위가 있음을 확신해야 한다.

---

34) 참조. 권진호, "마틴 루터의 설교 이해", 「신학과 현장」 22 (2012), 277~304.

35) WA 15,521,7~9.

루터는 하나님이 맡겨주신 일에는 성령이 함께한다고 주장한다. 예수님이 제자들을 보내면서 그들에게 성령을 주신 것처럼 설교자에게도 마찬가지다. 만일 성령이 설교자의 인격과 경건에 근거하여 주어진다면, 설교직은 동요할 것이다. 설교자의 인격과 경건은 항상 동일하지 않고 요동하고 변덕스럽기 때문이다. 그러나 예수님은 설교자의 인격이 아니라 설교직에 근거하여 성령을 주신다. 그러므로 설교직은 흔들리거나 변덕스럽지 않고, 오히려 죄 사함과 성령의 확고한 보증이 된다.

물론 루터는 성령 받음이 개인적인 것임을 부인하지 않았다. 아니, 오히려 개인적으로 성령을 받는 것이 최상이라고 보았다. 하지만 동시에 그는 나쁜 목사, 악한 설교자라도 성령이 함께한다고 보았다. 목사직이나 설교직은 사람에게 속한 것이 아니라 그리스도가 부여하신 직무이기 때문이다. 성령은 개인이 아니라 그들에게 부여된 직무 때문에 임하시는 것임을 루터는 강조한다.

> "그리스도는 성령을 기독교와 모든 설교자와 목사들에게 주어 이들로 하여금 가르치고 위로하고 권면하도록 하였다. 만일 그렇지 않다면 모든 것은 불확실해질 수밖에 없다. 나는 아마도 내일 다시 세례를 받아야 할 것이다. 왜냐하면 세례 베푸는 자가 신실한 믿음과 바른 인격이 있는지를 알지 못하기 때문이다. 그러므로 우리는 설교자가 경건한지, 성령을 소유하고 있는지는 설교자의 양심에 맡기고, 그 대신 그가 세례를 베풀고 설교하고 죄를 사하는 권세가 있음을 확신해야 한다. 그것은 그 사람의 직무가 아니라 그리스도의 직무이자 그리스도가 주신 직무이기 때문이다."[36]

---

36) WA 29,305,8~14.

루터는 오늘 유다가 살아서 강단에서 설교한다면 그 설교를 배척하지 않을 것이라고 말한다. 베드로가 설교하든 유다가 설교하든 결국 하나님의 말씀이기 때문이다. 설교를 듣는 사람은 설교자의 입과 말씀이 '설교자 개인의 것이 아니라 성령의 말씀이자 설교'라는 사실을 확신하고, 설교를 통해 성령께서 믿음을 주시고 거룩하게 하심을 믿어야 한다. 설교자의 설교는 바로 하나님의 설교이기 때문이다.

설교와 설교자의 중요성에 관하여 덧붙이고 싶은 것이 있다. 설교자에게는 위치에 걸맞은 특권만 주어진 것이 아니라 상당히 큰 위험과 고난도 있다는 사실이다. 루터는 설교직이 어렵고 위험한 직책임을 확신하였다. 설교자는 말씀에만 근거한 (즉 청중의 입맛을 고려하지 않고 진실만을 말하고 잘못을 책망하는) 설교로 인해 시련과 박해를 받을 수 있기 때문이다. 사실 복음을 분명하게 이해하고 오해의 여지없이 설교하는 사람은 설교단 아래에서의 '박수갈채가 아닌 저항'을 기대해야만 한다. 반대로 나쁜 설교자, 즉 설교자의 임무인 오직 그리스도를 설교하지 않는 설교자는 "(독일을 위협하는) 10만 명의 이슬람인들보다 더 해롭다."[37] 단 한 번의 설교로도 많은 이들을 멸망의 길로 인도할 수 있기 때문이다. 뿐만 아니라 설교자는 설령 많은 사람을 하나님께로 인도했어도 자신이 경건하지 않아 사탄에게 떨어지는 경우가 있다고 루터는 경고한다.

끝으로 루터의 말을 인용하며 한국교회 모든 목회자가 자신의 존엄한 지위를 깨닫고 소명을 재발견하기를 진정 소원한다.

---

37) WA 9,671,33~34.

"성직자가 얼마나 탁월한 직무를 가졌는지를 보시오! 성직자 자신은 그리스도를 하늘로부터 모셔 올 수 있습니다. 그리스도의 어머니도 할 수 없는 일입니다. … 성직자는 천사들이나 마리아보다도 더 낫습니다. 왜냐하면 설교하기 때문입니다."[38]

38) WA 29,175,10~13.

8

하나님이 주신 선물, 찬송

생생한 복음의 음성으로서의 찬송

신앙과 교회 생활에서 빠질 수 없는, 그리고 소홀히 여겨서는 안 되는 내용 중 하나가 찬송이다. 찬송은 감동을 주는 음악일 뿐만 아니라 하나님의 말씀을 전달해 주는 유용한 수단이다. 음악이 실제로 말보다 더 강력하게 마음을 움직인다는 사실은 누구나 경험하는 바이다. 이러한 음악과 찬송의 영향력과 의미를 종교개혁자 루터 역시 높이 평가하였다. 찬송은 초기부터 루터 종교개혁의 특징이었고 종교개혁의 강력한 무기였다. 루터 스스로 찬송을 짓고 그것을 종교개혁에 적극적으로 사용했다. 특히 달콤한 찬송의 형태로 선포되는 하나님 말씀은 그리스도인에게 말씀을 더욱 굳건히 믿게 할 수 있기에 루터는 찬송을 높이 평가한 것이다.[39] 음악은 성서의 내용이 강하게 역사하도록 도우며 아름다운 가사와 곡으로 낙담한 양심을 일으켜 세우기 때문이다. 루터에게 음악과 찬송은 '복음의 생생한 음성'(viva vox evangelii)으로, 복음을 전하는 또 하나의 형태이자 그의 신학의 중심이었다.

39) WA 35,480,7~9.

루터의 음악 사상[40]

루터는 개혁파 종교개혁자 츠빙글리나 칼빈과 달리 음악에 비판적이지 않았다. 루터는 음악이 인간의 재능에만 해당하는 것이 아니라 하나님의 위대한 선물임을 강조하였다. 그는 음악신학자이지만 음악에 관한 포괄적인 서술을 하지는 않았다. 다만 음악에 대해, 특히 음악에 대한 사랑을 자주 언급하였다. 음악에 관한 기본적인 사상은 그가 편집한 찬송가 서문과 서신, 탁상담화에서 엿볼 수 있다. 여기서 우리는 음악에 대한 루터의 개인적인 호감과 음악 신학의 핵심을 파악할 수 있다.

음악에 관한 루터의 사상은 1530년 단편으로 작성된 "음악에 관하여"(Περι της Μουσικης)[41]가 잘 보여준다.

> "나는 음악을 사랑한다. … 첫째, 음악은 사람의 선물이 아니라 하나님의 선물이다. 둘째, 음악은 마음을 즐겁게 한다. 셋째, 음악은 악마를 쫓아낸다. 넷째, 음악은 순수한 즐거움을 안겨다 줄 뿐 아니라 분노, 탐욕, 교만을 사라지게 한다. 나는 신학 다음의 자리에 음악을 둔다. 이것은 다윗과 모든 선지자들의 예에서 명백하게 확인된다. 이들은 말해야 할 모든 것을 운율과 가

---

40) 루터의 음악사상과 찬송에 관해서는 우선 필자의 지도로 나온 박사논문(오선지, "루터의 음악신학 연구: 루터의 찬송을 중심으로"(목원대학교 대학원, 2022))을 참조하시오.

41) WA 30II,696. - 또한 1538년 라우(Georg Rhau, 1488~1548)가 출판한 「유쾌한 심포니」(symphoniae iucundae) 서문(WA 50,368~374)도 루터의 음악사상을 잘 보여준다. 루터는 아름답고 귀한 하나님의 선물인 음악을 진심으로 높이고 찬양한다. 음악이라는 예술은 세상 시작부터 모든 피조물에게 하나님이 주셨고 처음부터 모든 것들과 함께 창조되었다. 또한 음악은 '인간의 감정의 주인이자 인도자'로 사람의 감정에 영향을 준다.

사로 표현했다. 다섯째, 음악은 평화의 시대를 다스린다. 따라서 굳건하시오, 그러면 우리 시대 이후에는 이 예술을 더 잘 다루게 될 것이다. 왜냐하면 그것은 평화의 시대에 속하기 때문이다. 나는 바이에른의 공작들을 칭찬하는데 음악을 장려하기 때문이다. 우리 작센지역에서는 무기와 대포들이 설교된다."

루터와 찬송

루터는 개신교 찬송의 아버지로 간주된다. 개신교 찬송에 직·간접적으로 엄청난 영향을 끼쳤기 때문이다. 그는 무엇보다 두 가지 관점에서 이러한 영향력을 창조적으로 발휘하였다. 우선 성서의 시편을 찬송으로 변형시켰다. 그 이전에는 누구도 시도한 적이 없던 일이며 1524년 이후 다른 이들이 만든 시편찬송은 루터의 영향을 받아 나온 것이 분명하다. 두 번째, 오늘날의 독일어 찬송가 형태는 루터가 1529년 비텐베르크의 회중찬송가를 만들기 이전까지는 존재하지 않았다. 이러한 시편찬송과 회중 찬송가는 개신교 예배와 경건에 큰 영향력과 의미를 지녔다.[42]

루터에게 찬송은 새롭게 발견한 복음의 선포와 종교개혁의 가르침의 전달에 필수불가결한 수단이었다. 동시에 그의 찬송은 그의 신학에 대한 중요하고도 정확한 증언이었다. 루터는 찬송의 중요성과 의미를 깨달은 1523년부터 독일어로 찬송가를 짓기 시작하였다. 1523년 7월 1일 브뤼셀에서 어거스틴 수도회의 두 명의 수도사가 루터의 가르침을 고백한 이유로 이단으로 화형당하는 사건이 일어났다. 이 일

42) G. Bott ed., Martin Luther und die Reformation in Deutschland (Frankfurt am Main: Insel, 1983), 293.

로 루터는 종교개혁을 알리고자 하는 의도로 "Ein neues Lied wir heben an"(새로운 찬양을 부르자!)이라는 첫 번째 찬송을 지었다. 추측하건대 1523년 말 또는 1524년 초에 루터의 개별적인 찬송들이 출판되었고, 1524년 루터의 찬송 4개가 포함된 『8편 찬송가』(Achtliederbuch)와 루터의 찬송 24개가 포함된, 총 32개의 찬송이 실린 찬송가가 발간되었다(Eyn geystlich Gesangk Buchleyn, 『발터 찬송가』). 이렇게 하여 루터가 지은 찬송은 총 36개에 달한다.[43]

오늘날 교회 회중을 위한 찬송가 형태는 1529년 봄부터이다. 물론 1523년부터 찬송이 낱장으로 인쇄되거나 심지어 38곡의 찬송이 작은 책자로 인쇄되기도 했다. 하지만 이것은 성가대를 위한 찬송가일 뿐이었다. 1529년 이후 찬송가는 비텐베르크에서 찬송이 부분적으로 추가되어 출판되었다. 루터 생애 마지막 찬송가는 1545년 라이프치히(Leipzig)에서 인쇄된 『밥스트(V. Bapst)의 찬송가』(Geystliche Lieder)이며, 여기에 루터는 서문을 썼다. 이 찬송가는 18세기까지 찬송가의 발전에, 심지어 가톨릭 찬송가에도 많은 영향을 주었다.

1529년 루터가 회중찬송가를 만든 것은 당시의 역사적 상황과 관련이 있다. 그때까지 이루어진 교회시찰은 루터에게 교회 공동체의 열악한 상황을 직시하게 했다. 복음적인 경건을 조직적으로 세우는 조처가 시급해 보였다. 이를 위해 루터는 1529년에 회중찬송가를 내었을 뿐만 아니라 『소교리문답』과 『대교리문답』, 그리고 『기도소책자』

43) 참조. Johannes Schilling ed., Martin Luther. Die Lieder (Stuttgart: Carus-Verlag, 2017); Gerhard Hahn ed., Martin Luther. Die deutschen geistlichen Lieder (Tübingen: Max Niemeyer, 1967).

(Betbüchlein)의 개정판을 출판하였다. 루터는 회중찬송가, 『소교리문답』, 『기도소책자』를 통해, 경제적인 이유나 다른 연유로 성경을 살 수 없거나 종교적인 문제에 관해 폭넓은 공부를 할 수 없는 이들에게 복음적인 믿음의 기초를 다질 수 있도록 만들었다. 이러한 맥락에서 루터는 회중찬송가에 가장 중요한 역할을 부여했다. 회중찬송가는 회중을 위해 성경과 교리문답, 그리고 예전(禮典)을 한 권으로 요약한 것이기 때문이었다.[44]

"내 주는 강한 성이요"

우리에게 잘 알려진 루터의 찬송은 "내 주는 강한 성이요"(Ein feste Burg ist unser Gott)이다. 이 찬송은 다른 찬송들에 비해 늦은 1529년에 지어졌는데, 1529년 2월 독일에서 루터파에 대한 관용을 끝낼 것을 결의한 슈파이어(Speyer) 제국의회 이후 나온 것으로 추정된다. 슈파이어 제국의회 이후 4월, 6명의 독일 제후와 14개 도시들은 이 회의의 강압적인 조처에 항의하였고 여기서 '프로테스탄트'라는 말이 유래한다. 이 찬송은 시편 46편을 작곡한 것으로, 프로테스탄트에게 자기 확신과 위안을 주는 내용이다. 즉 그리스도께서 그들을 위해 싸우시며, 하나님의 말씀이 마귀를 파멸시키고, 하나님의 나라가 바른 믿음을 가진 자들을 위해 준비되어 있다는 찬송이다.

이 찬송은 본래 종교개혁기념찬송으로 의도된 것은 아니다. 루터는 이 찬송을 부활절 전 사순절 기간에 부르도록 의도하였으나, 이

44) 참조. G. Bott, Martin Luther und die Reformation in Deutschland. Ausstellung zum 500. Geburtstag Martin Luthers (Frankfurt am Main, 1983), 305.

“내 주는 강한 성이요”(1529). 출처: Wikipedia

와 달리 저항의 찬송으로 불리게 되었다. 기록에 따르면 슈바인펠트(Schweinfeld) 교회에서는 1532년에 미사를 드리는 동안 “내 주는 강한 성이요”를 찬송함으로 가톨릭 사제를 제단에서 내려오게 하였다. 또한 청소년들은 이 찬송을 슈바인펠트의 거리를 돌며 울려 퍼지게 했다. 이것이 이 도시에 종교개혁을 일으키는 도화선이었다.

이 찬송은 개신교에 있어 중요한 상징적 힘을 갖는다. 하이네(Heinrich Heine)는 이 찬송을 종교개혁의 ‘마르세이유 혁명의 찬가’라고 칭했다.[45] 이 찬송은 이후 계속하여 곤경의 시대에 또는 자신의 믿음에 대한 고백으로 개신교인들이 애창했다. ‘종교개혁의 전투가’로 불리는 이 찬송은 1969년 미국의 아이젠하워 대통령 장례 예배 때에도 불렸

45) 하인리히 하이네, 『독일의 종교와 철학의 역사에 대하여』, 태경섭 역 (회화나무, 2019), 79.

다. 또한 이것은 『찬셩시』(1905)와 『찬숑가』(1909)에 나온 이후 지금까지 한국 그리스도인들의 사랑을 받고 있다.

음악을 신학 다음으로 보았던 루터, 그는 음악을 항상 사랑하고 높이 평가한 음악신학자였다. 그는 음악이 말보다 더 강력한 영향력이 있다는 사실을 간파하였다. 그래서 그에게 찬송은 종교개혁을 위한 가장 강한 무기 가운데 하나였다. 어찌 보면 "내 주는 강한 성이요"의 가사처럼 찬송은 마귀와 싸워 이길 수 있는 그리스도인의 강력한 영적 무기이기도 하다. 그래서 루터는 찬송을 지어 그리스도인들에게 위로와 용기와 확신을 갖도록 하였다. 찬송은 종교개혁을 널리 전파하는데 영향력 있는 선전 방법이고, 종교개혁의 핵심인 복음을 전파하는 수단으로서 종교개혁의 성공에 크게 이바지했다고 볼 수 있다.

9

참된 그리스도인이 되는 길

참된 그리스도인, 참된 성도, 참된 목회자가 되는 방법, 이것은 오늘날 한국교회와 그리스도인들이 절실히 물어야 할 질문이다. 물론 이에 대해 시대마다 다양한 방법들을 제시했지만, 지금은 본질적이면서도 실천적인 방법을 고민해야 할 때이다.

존 웨슬리보다 한 세대 전에 활동했으며 저서를 통해 웨슬리에게도 큰 영향을 준 독일 할레의 경건주의자 프랑케(A. H. Francke, 1663~1727)는 소책자 『자신의 참된 교화를 위해 성서를 읽는 방법에 관한 간단한 지침』(1694)에서 평신도에게 성서 읽는 방법을 소개한다.[46] 이것은 당시 많은 인기를 누렸다. 칸슈타인 성서연구소(Cansteinsche Bibelanstalt, 최초의 성서공회)에서 출간된 여러 성서에 자주 첨부되었으며, 1912년에는 루터 성서(Lutherbibel)에 부록으로 실릴 정도로 많은 영향을 끼쳤다. 소책자의 핵심 내용은 거도와 묵상, 그리고 시련이 성서에 능통한 경건한 사람을 만든다는 주장으로 루터의 “독일어 작품 전집 서문”(1536)에 근거한 것이다.[47]

---

46) 프랑케는 이 외에도 목회자와 신학생을 위한 학술적인 작품들을 저술했는데, 그중 하나가 『성서 읽기 교본』(Manuductio ad lectionem Scripturae Sacrae, 1693)이다. 일지에 따르면 웨슬리는 이 책을 1733년과 1734년에 한 번씩 읽었다.

47) 이 작품에 관해서는 마틴 루터, “독일어 작품 비텐베르크 전집 서문”, 『루터를 안다』, 권진호 역 (대장간, 2019), 181~197.

참된 그리스도인이 되는 방법

루터는 신학을 바르게 공부하는 방법으로 기도(oratio), 묵상/성서연구(meditatio), 시련(tentatio), 세 규칙을 제시한다. 이 방법은 전적으로 루터 자신의 경험에서 비롯된 것이다. 1512년부터 30년 이상 성서학 교수로 재직하며 성서를 깊이 연구하고 강의해 온 그가 보증하는 방법이다. 그런데 시편 119편을 보면 다윗이, 아니 모든 믿음의 족장과 선지자들 역시 이 방법을 사용하였다. 루터에게 시편 119편은 성서를 간결하게 함축한 핵심 말씀이었다.[48]

루터가 참된 신학자가 되는 방법으로 언급한 세 규칙을 신학자나 목회자에게만 해당하는 것으로 보면 오산이다. 루터에게 신학자는 오늘날처럼 평신도 그리스도인과 구별되는 개념이 아니라 모든 그리스도인을 가리킨다. 루터는 『독일 귀족 그리스도인들에게 보내는 글』(1520)에서 모든 그리스도인은 세례를 근거로 성직자라는 소위 만인제사장설을 주장한 바 있다. 따라서 루터가 제시한 신학공부 방법은 모든 그리스도인에게 참된 그리스도인이 되는 방법이다. 루터는 이 방법을 잘 따라하면 교회 역사의 위대한 신학자들보다 더 훌륭하고 더 많은 책을 쓸 수 있다고 확언한다. 자신도 그런 방법으로 누구보다 많은 책을 쓰게 되었다고 고백했다.

48) O. Bayer, Theology the Lutheran Way (Eerdmans, 2007), 39.

기도

그는 첫 번째 규칙으로 기도(oratio)를 제시한다. 기도의 목적은 성서를 바르게 이해하기 위한 것이다. 루터는 성서가 다른 책의 지혜를 미련한 것으로 만들며 성서만이 유일하게 영생을 가르친다고 보았다.

인간은 이성으로 영생을 이해할 수 없으며, 하나님뿐만 아니라 자기 자신도 알 수 없다(물론 이생의 삶과 관련해서는 이성적 사고와 판단에 맡기지만 말이다). 루터는 "당신의 이성과 이해력에 대해 무조건 낙담하라"고 권한다. 우리의 이성과 이해력은 하나님이 허락하지 않은 곳에서 하나님을 구하거나 반대로, 하나님을 찾아야 할 곳에서 찾지 않기 때문이다. 이것은 마치 하나님과 술래잡기하는 것과 같다. 이성에 의지하는 자들은 하나님을 찾기 위해 "머리를 하늘로 쳐들어 천국을 보지만, 거기서 아무도 발견하지 못한다. 왜냐하면 그리스도는 구유와 여인의 태중에 있기 때문이다. 그들은 결국 추락하여 목이 부러지게 된다."[49]

성서를 이해하고 영생을 얻는 데 필요한 것은 단 한 가지, 기도이다.

> "당신의 작은 방에서 무릎을 꿇고 참된 겸손과 진심으로 하나님께 기도하라! 당신을 깨우치고 인도하며 이해력을 주는 성령을, 하나님께서 사랑하는 아들을 통하여 당신에게 주시도록 간구하라."

이러한 기도의 모범은 시편 119편의 다윗에게서 찾아볼 수 있다. "당신은 다윗이 시편 119편에서 '주여 내게 가르치소서, 나를 인도하

---

49) WA 9,406,17~20.

소서, 내게 보이소서'와 그 외의 많은 말씀에서 간구하는 것을 본다. 비록 모세의 책과 다른 책들을 너무나 잘 알고 날마다 듣고 읽었다고 해도, 그는 이성으로 황급히 그것들을 붙잡거나 자신이 스스로 교사가 되지 않기 위해, 성서를 깨닫게 하는 참된 스승을 갖고자 원한다."

성서를 깨닫게 하는 스승은 바로 성령이다. 인간은 성령의 조명하심을 통해서만 성서를 이해할 수 있다. 성령이 우리의 눈과 마음을 열어 하나님의 진리와 은혜를 깨닫게 하고 인도하셔야 성서를 바르게 이해할 수 있다. 한마디로 우리는 성령을 달라고, 성령충만함을 달라고 기도해야 한다. 우리의 지혜와 이성의 한계를 인식하고 겸손과 진심으로 성령의 깨닫게 하심을 간구해야 한다.

묵상/성서연구

'메디타치오'(meditatio)는 영적인 훈련방법이나 큐티(QT)라기보다는 성서 본문을 알기 위해 원어와 문법을 공부하고 내용을 주석하는 성서연구를 말한다. 루터는 이러한 묵상 방법을 다음과 같이 설명한다.

> "묵상이란 구술로 된 말씀과 책에 쓰인 말씀을 마음으로뿐만 아니라 태도에서도 항상 단어 하나하나를 주목하여 비교하고, 성령이 뜻하신 의미가 무엇인지를 부지런히 주목하고 숙고하면서 반복하여 읽는 것이다. 그리고 당신이 한 번 또는 두 번으로 충분히 읽고 듣고 말한 것으로 모든 것을 완전히 이해했다고 만족하거나 그렇게 생각하지 않도록 주의하라. 왜냐하면 그렇게 하는 것으로는 결코 좋은 신학자가 될 수 없기 때문이다. 이것은 익기도 전에 떨어지는, 설익은 과일과도 같다."

묵상은 성서 본문에 열중하고 몰두하는 것이다. 루터는 묵상을 소가 되새김질하는 것에 비유하였다. 되새김질이란 즐거움으로 말씀을 받아들이고 매우 열심히 묵상하는 것이다. 또한 마음에 확고히 새기고, 그것을 삼켜 장에 흡수하는 것이다.[50] 사실 종교개혁자 루터를 있게 한 종교개혁사상의 발견('하나님의 의'의 재발견[51])은 성서를 이렇게 묵상하며 되씹어 숙고한 열매였다.

루터는 이러한 성서 묵상의 실제적인 적용을 『간단히 기도하는 방법』(1535)에서 소개했다.[52] 여기서 그는 십계명의 각 계명을 '교리'(하나님께서 요구하시는 것), '감사'(하나님께서 우리에게 선물로 주신 것), '회개'(자신이 하나님의 뜻을 따르지 못했고 하나님 은사에 감사하지 못한 것), '간구'(하나님께 간구하는 것)의 측면에서 묵상했다. 성서의 말씀 앞에서 있는 자는 이러한 묵상을 통하여 가르침을 받게 되고(교리), 하나님께 감사하며(감사), 자신의 죄를 깨닫고(회개), 기도 제목들이 더욱 많아지게 된다(간구).

시련

시련(tentatio)은 하나님의 말씀이 옳고 진실하고 달콤하고 사랑스러우며 강력하고 위로가 되는 것임을, 그리고 모든 지혜 위의 지혜임을 경험하게 하는 시금석이다. 하나님은 시련을 사용하여 우리가 이성을

---

50) 참조. John T. Pless, Martin Luther. Preacher of the Cross (Concordia Pub., 2013), 20.

51) 이에 관해서는 2장. "루터의 회심, 탑상체험"을 참조.

52) 마틴 루터, "간단히 기도하는 방법", 『루터와 기도한다』, 권진호 역 (대장간, 2019), 45~95.

의지하지 않고 오직 하나님의 약속만을 바라보고 의지하게 하신다.

묵상하는 사람은 시편 119편의 다윗처럼 고난받을 것을 예상하고 기대해야 한다. 다윗은 하나님의 말씀을 묵상하고 열중함으로 숱한 대적들에게 고난을 받았다. 루터는 우리 신앙인이 하나님의 말씀을 묵상하며 말씀에 열중하고 뿌리를 내릴 때 사단의 시험이 온다고 말한다. 하지만 우리는 이러한 시련을 통하여 오히려 하나님의 말씀을 좇고 사랑하게 된다.

루터는 구체적인 삶의 자리에서 만난 포악한 제후들과 전제군주들, 열광주의자들과 가톨릭 신학자들의 핍박과 비판이 자신을 더욱 하나님의 말씀을 연구하도록 만들었다고 고백한다. 그리스도인이 하나님의 말씀에 올곧게 서려고 할 때, 그리고 그 말씀대로 바르게 살려고 할 때, 비난과 비웃음과 고난, 심지어는 죽음의 위협을 만난다. 그럴수록 루터는 더욱 성서연구에 몰두하였고, 훌륭한 신학자가 되었다.

루터는 "오직 경험만이 신학자가 되게 한다"(Sola experientia facit theologum)고 강조한다. 시련의 경험이 없는 신학은 단지 단조로운 이론에 불과하다. 루터는 정죄받은 경험 없이는 진정한 신학자가 될 수 없다고 하였다. 우리는 중한 죄인이며 하나님의 정죄를 받아 마땅함을 깊이 깨달아야 한다. 우리의 죄를 충분히 깨닫지 못하면, 또 죄가 갈라놓은 하나님과 우리 사이의 간격이 얼마나 큰지를 깨닫지 못하면, 예수 그리스도가 주신 용서의 환희와 놀라움의 깊이를 이해할 수 없다.

루터에게 진정한 신학자란 죄로 말미암아 받아야 할 정죄가 어떤 것인가를 깊이 체험한 사람이며, 복음인 용서의 말씀이 바로 자신을 위한 기쁜 소식임을 깨달은 사람이다.

루터가 깊은 성서연구와 종교개혁의 경험에 근거해 참된 그리스도인이 되는 방법으로 제시한 세 규칙은 성숙한 그리스도인이 되려는 성도들에게 확실하고도 유익한 안내와 지침이 될 것이다. 목회의 본질을 고민하며 한국교회가 처한 위기를 극복하려는 목회자에게는 더 말할 나위가 없다.

10

기독교의 신앙에 관한 기본적인 가르침, 십계명, 사도신경, 주기도문

교리문답의 의미와 내용

종교개혁이 어느 정도 정착되었을 때 루터가 특별한 노력을 기울인 것은 개신교 신앙이 목회자와 평신도에게 깊이 뿌리내리도록 하는 것이었다. 이를 위한 최적의 수단이 교리문답(教理問答. Catechism)이었다.[53] 루터는 『독일어 미사』(Deutsche Messe)에서 교리문답을 "그리스도인이 되고자 하는 비신자들에게 그리스도교에서 믿어야 하는 것, 행해야 하거나 하지 말아야 하는 것, 그리고 알아야 하는 것을 가르치는 교육이다"라고 정의하였다.[54]

루터는 자기 신학의 기본적인 통찰, 즉 기독교의 복음에 관한 신학을 교리문답에 요약하여 설명한다. 교리문답의 의미와 내용에 대해 『탁상담화』에서 다음과 같이 언급하였다.

"교리문답은 평신도의 성경으로, 여기에는 모든 기독교인이 구원받는 데 필요한 기독교 가르침의 전체 내용이 담겨 있다. 솔로몬의 아가서가 모든 노래 중의 노래이며 모든 찬양 중의 찬양으로 불리는 것처럼, 십계명은 모든

53) 이에 대해서는 다음 29장. "기독교 신앙의 개요, 『대교리문답』" 참조.

54) WA 19,76,2~5.

가르침 중의 가르침으로, 이를 통해 우리는 하나님의 뜻, 다시 말해 하나님께서 우리에게 요구하시는 것이 무엇이며 우리에게 부족한 것이 무엇인지를 깨닫는다. 거룩한 기독교 믿음의 고백[사도신경]은 모든 역사[이야기] 중의 역사이자 최고의 역사이다. 그 안에는 신적인 위엄을 가진 분이 처음부터 영원까지 우리를 위해 무한히 놀랍게 행하시는 역사가 있다. 다시 말해 우리와 모든 피조물의 창조과정, 성자의 인간되심, 고난, 죽음 그리고 부활을 통해 우리가 어떻게 구원받았는지, 성령을 통해 우리가 어떻게 거룩한 새로운 피조물이 되고, 하나님의 백성으로 부르심을 받은 모든 사람이 어떻게 죄를 용서받고 영원한 복을 누리는지에 관한 역사이다. 주기도문은 모든 기도 중의 기도이며 최고의 교사이신 예수님이 직접 우리에게 가르쳐 준 최고의 기도이다. 주기도문에는 영적인 것과 육적인 걱정거리들이 모두 담겨 있다. 이 기도는 영적인 시련과 곤경과 죽음의 순간에 최고의 위로이다. 성례전은 하나님 자신이 세우시고 제정하신 최고의 예식이다. 이것으로 하나님께서는 우리에게 그의 은혜를 확증하신다. 그러므로 우리는 교리문답을 우선순위로 삼고 귀하게 여기고 청소년들에게 열심히 가르쳐야 한다. 교리문답에는 기독교 교회의 전통적이며 바르고 참된 가르침이 요약되어 있기 때문이다. 교리문답을 거스르는 것은 아무리 혁신적이고 새로운 것으로 보일지라도 거짓되고 그릇된 가르침으로 여기고 경계해야 한다."[55]

루터에 따르면 교리문답은 '평신도의 성경'으로, 그리스도인의 믿음과 삶을 위해 필요한 모든 것의 총체로, 교리문답을 가진 자는 성서의 말씀을 가진 것이나 다름없다. 그리스도인이라면 반드시 알아야 하고 깨달아야 하는 가르침이다. 그래서 루터는 교리문답을 '성서의 요약과 발췌'이자, 인간의 구원을 위한 필수적인 가르침의 요약과 핵심이라고 보았다.

55) WA TR 5, Nr. 6288.

기독교 신앙에 관한 기본적인 가르침

루터에게 있어 교리문답의 중심내용은 십계명, 사도신경, 주기도문이다. 루터는 이 세 조항에 "성서에 들어 있고 언제나 설교할 수 있는 모든 것과 그리스도인이 알아야 하는 모든 것이 근본적이고도 넘쳐날 정도로 요약되어 있다"[56]고 그 중요성을 거듭 강조했다. 루터는 1520년에 이 세 가지 주요항목의 내용적인 맥락을 다음과 같이 서술한다.

> "구원받기 위해 다음 세 가지를 알아야 한다. 먼저, 행해야 하거나 그만두어야 할 일이 무엇인지를 알아야만 한다. 둘째, 행해야 하거나 하지 말아야 할 일을 우리 자신의 능력으로는 할 수 없다는 사실을 알게 될 때, 이를 위해 필요한 능력을 어디에서 구하고 찾고 얻어야 하는지 알아야 한다. 마지막으로, 그 능력을 어떻게 구하고 찾을 수 있는지 그 방법을 알아야만 한다."[57]

교리문답의 주요항목인 십계명, 사도신경, 주기도문은 구원에 필요한 지식을 담고 있다. 인간의 구원과 그 조건, 즉 하나님이 인간에게 예비하신 구원의 성취와 이를 위해 필요한 지식이 담겨 있다. 구원을 위해서는 먼저, 행해야 하거나 행하지 말아야 할 것이 무엇인지 알아야 한다. 그리고 계명에 따라 행하거나 행하지 말아야 할 능력을 어디에서, 어떻게 찾는지 알아야 하는데, 이것은 그 능력을 자신 안에 갖고 있지 않다는 사실을 깨닫게 될 때 가능하다. 첫 번째에 대한 지식은 십계명이, 두 번째에 대한 지식은 사도신경과 주기도문이 제공한다.

---

56) WA 7,204,8~11.

57) WA 7,204,13~18.

비텐베르크의 루터 집에 있는 크라나흐의 십계명 그림. 출처: Wikipedia

세 항목의 교리문답은 기독교 신앙의 기본적인 가르침을 알기 쉽게 요약한 순수한 가르침이다. 또한 풍성한 삶의 비결이자, 하나님께서 피조물에게 선물로 주신 복된 삶에 이르는 길이다. 그러므로 우리는 십계명, 사도신경, 주기도문을 날마다 배우고 묵상하고, 또한 이것들을 가지고 기도해야 한다. 루터의 『소교리문답』을 기도의 책으로 보는 플레스(J. T. Pless)의 견해는 전적으로 옳다.[58] 교리문답을 가지고 기도하는 것은 기독교의 바른 경건 생활이며 복음에 근거한 기독교인의 삶이다.

58) J. T. Pless, Praying Luther's Small Catechism. The Pattern of Sound Word (Saint Louis: Condordia Publishing House, 2016), 1.

주기도문, 십계명, 사도신경으로 기도하기

루터는 주기도문과 십계명과 사도신경을 가지고 기도의 모델을 제시하고자 『간단히 기도하는 법. 이발사 피터를 위해』라는 책을 썼다.[59] 이것은 세 가지 항목에 대한 강해와 그에 따른 기도의 내용이다.

1) 주기도문은 시편보다 나은, 아니 최상의 기도이다. 주기도문은 예수님 자신이 만들어 주신 것으로, 그리스도인이 드리는 기도의 모범이자 표준인 동시에 다른 모든 기도의 척도이기도 하다. 주기도문은 그리스도인에게 절망하지 말고 하나님의 은혜와 도움을 간구하도록 가르친다.

루터는 중세시대의 경건에서 믿음 없는 악습들로 주기도문이 오용되었다고 여기며 당시의 주기도문을 '최고의 순교자'라고 흥미롭게 표현한다. 하지만 인간의 악습은 주께서 가르치신 기도를 절대 망가뜨릴 수 없다. 루터는 주기도문이 어린 시절부터 노년까지 인간의 모든 삶의 단계에 적용 가능하다고 보며 그 유익을 다음과 같이 인상 깊게 묘사한다.

> "나는 오늘도 어린아이처럼 주기도문으로 젖을 빨고, 백발의 노인처럼 먹고 마신다. 그것은 평생을 먹어도 부족하지 않을 만큼 풍족하다."

2) 루터는 십계명으로 기도하라고 권고하며 각 계명에 '교리', '감

---

59) 참조. 마틴 루터, "간단히 기도하는 법", 『루터와 기도한다』, 권진호 역 (대장간, 2019), 43 이하.

사', '참회(회개)', '간구'라는 기도의 네 가지 기본형식을 제안한다. 기도하는 사람은 우선 하나님께서 요구하시는 것이 무엇인지를 기억해야 한다(교리). 둘째, 하나님께서 우리에게 선물로 주신 것이 무엇인지 인식해야 한다(감사). 셋째, 기도하는 사람은 자신이 하나님의 뜻을 따르는 일에 얼마나 부족했으며 허락하신 은사에 대한 감사를 잊은 적이 얼마나 많았는지를 깨달아야 한다(회개). 마지막으로, 하나님 앞에 자신의 필요를 간구해야 한다(간구).

이러한 루터의 제안은 기도의 삶이 오직 간구로만 축소되지 말아야 함을 깨닫게 해준다.

3) 사도신경에 대해서도 기도의 네 가지 기본형식인 교리, 감사, 참회(회개), 간구를 제시한다.

한국교회 미래 교육의 과제

교리문답의 중심교리인 십계명, 사도신경, 주기도문을 오늘날 한국교회에서는 어떻게 여기고, 어떻게 설교하고, 어떻게 가르치고 있는가? 필자의 눈에는 오늘날 한국교회가 다른 것들에 관심을 두느라 이러한 기초적이고도 핵심적인 내용을 놓치고 있지 않나 걱정스럽다. 아니, 이것들의 중요성을 맛보지 못하여 중요한 가르침으로 다루지 않고 있다는 말이 옳을 것 같다. 한국교회는 기독교 신앙의 기초로 다시금 돌아가야 한다.

루터는 특히 성직자들이 교회 공동체에게 복음적인 믿음을 가르치기 전에 먼저 올바른 기독교의 가르침을 습득해야 한다고 강조한다. 목회자들은 교리문답을 집중적으로 연구해야 한다. 교리문답이야말로 목사들의 설교에 신학적인 근거와 도움을 제공해 준다.

하지만 교리문답은 '성서 전체의 요약이자 필사'이며 인간의 죄를 보여줄 뿐만 아니라 동시에 '믿음 안에서 죄로부터의 구원'을 보여주기에 교리문답을 배우는 데에는 누구도 예외가 없다. 뿐만 아니라 그 배움에는 끝이 없다. 교리문답을 익히고 배우는 것의 중요성을 강조하며 평생 교리문답의 학생으로 머물고자 한 루터의 고백을 들어보자.

> "비록 나는 신학박사일지라도 교리문답을 배우는 어린아이와 학생으로 머물러야 하며 또한 기꺼이 그렇게 하겠다."

III

그림을 통한 복음선포

11

하나님 은혜와 인간의 죄에 대한 깨달음

'복음', 이 한 단어보다 루터가 즐겨 쓴 말은 없다. 마틴 루터를 '복음의 박사'(Doctor Evangelii)라고 부르는 이유도 이 때문이다. 그에게 복음은 구원하고 자유하게 하며 즐거움과 생명을 주는 위로와 기쁨의 소식이었다. 복음은 루터 신학 전체의 핵심이자 기독교 신앙의 근거이다. 복음 없는 교회는 교회가 아니라 그저 인간의 모임일 뿐이다. 그래서 루터는 예수 그리스도에 관한 복음을 강조하고 선포하는 것을 자신의 최고의 과제로 삼았다. 루터를 사로잡은, 그리고 루터를 종교개혁자로 만든, 그가 평생 선포하고자 한 복음의 진수는 무엇일까?

크라나흐의 목판화로 시각화된 복음의 진수

루터는 신학의 과제를 '인간의 자기 인식과 하나님에 대한 인식'이라고 말한다. 즉 신학은 인간 자신이 죄인이고 죽음에 처해 있음을 깨닫게 하며, 죄의 세력에서 자유하게 하고 죄인을 의롭다고 칭하는 은혜로운 하나님과 하나님의 말씀을 인식하도록 돕는다. 여기서 루터는 하나님의 말씀을 '율법'과 '복음'으로 구분하며 "율법은 병을 발견하게 하고 복음은 그 병의 치료약이다"라고 하였다.[60] 죄인 된 인간은 율법을 통해 죄를 깨닫고 겸손해진 뒤 그리스도에게 달려가 복음을 믿음

60) WA 10III,338,9~10.

으로 의롭다 함을 받는 것이다.

이러한 복음의 진수를 루터의 동료이자 화가인 루카스 크라나흐(Lucas Cranach, 1472~1553)가 그린 '율법과 은혜'라는 목판화에서 발견할 수 있다.[61] 1529년에 제작한 이 목판화는 율법과 복음, 그리고 죄와 은혜라는 신학적 내용을 정확히 보여준다. 목판화의 구상은 성서에 근거하며 루터의 신학과 매우 밀접하다.

크라나흐의 목판화 '율법과 은혜'(1529). 출처: Wikipedia

61) 목판화 그림 내용에 관해서는 다음 참조. 권진호, "크라나흐가 사용한 종교개혁 소통의 근본적인 도구인 이미지로부터의 선교학적 교훈", 「선교와 신학」 40 (2016), 242~249; R. Schwarz, Martin Luther. Lehrer der christlichen Religion (Mohr Siebeck, 2015), 183 이하.

목판화는 중앙의 나무를 중심으로 크게 두 부분으로 구분된다. 죄와 불행 가운데 고통받는 인간, 그리고 그런 죄인을 구원으로 인도하는 그리스도의 구원 사건(=복음)에 관한 묘사이다. 그림 한가운데 있는 나무를 중심으로 왼쪽은 모세, 율법, 인간의 불행을, 오른쪽은 세례 요한, 복음, 인간의 구원을 표현한다. 왼쪽 나무의 앙상한 가지(=불행과 멸망과 저주)와 오른쪽 나무의 무성한 가지(=구원과 축복)가 이미 이러한 내용을 암시한다.

율법: 인간의 불행

그림의 왼쪽 전면에 인간을 대표하는 아담이 인간을 불행하게 하는 세력들에게 시달리며 쫓기고 있다. 이런 불행의 원인은 무엇일까? 바로 불순종이다(창 3). 아담과 하와가 하나님의 말씀에 불순종하여 선악과를 따먹음으로 하나님과의 관계가 단절되었다. 이것이 인간의 본질적인 죄, 원죄이며(롬 3:23) 인간 불행의 시작이다.

인간은 자신을 괴롭히는 불행의 세력들에 쫓겨 영원한 저주의 지옥으로 달려간다. 해골(=죽음)이 아담 뒤에서 코웃음을 치며 창으로 그를 괴롭히고, 그 옆에 서 있는 사탄 역시 아담을 쫓으며 괴롭힌다. 그들 옆에 한 무리의 사람들(모세와 예언자)이 보인다. 그중 모세는 굳은 표정으로 십계명 돌판을 들고 서서 오른손 검지로 십계명을 가리키고 있다. 흥미로운 것은 이것을 바라보는 인간의 얼굴 표정이다. 그는 자신을 불행하게 하는 세력들에 쫓기면서 혹시 율법이 자신을 도와줄까 하는 마음에 율법을 바라본다. 하지만 그에게 돌아오는 결과는 두려움과 공포뿐이다. 왜 그럴까? 율법은 죄를 드러내고 죄를 깨닫게 하기 때문이다(롬 3:20). 율법이 자신을 구원해줄 것이라는 희망을 안고 율법을 의지하며 열심히 힘써 행한 결과는 정죄뿐이다. 의지하면 할수록 자신의 죄를 드러내는 율법 앞에 인간은 놀라고 공포에 휩싸인다.

율법은 단지 인간의 죄를 드러내고 지적하며 하나님 앞에서의 불경건한 모습을 폭로할 뿐이다. 이런 율법의 역할에 대해 고린도전서 15장 56절에서는 이렇게 말한다. "사망이 쏘는 것은 죄요 죄의 권능은 율법이니라." 무슨 의미인가? 우리에게 죽음을 가져다주는 가시(죽음이 자신의 지배를 행사하는 수단인 가시)는 죄이고, 죄가 그런 힘을 갖는 것은 율법이 존재하기 때문이라는 것이다. 그렇다면 하나님을 벗어난 인간의 최후는 무엇인가? 로마서 1장 18절의 "하나님의 진노가 사람들의 모든 경건치 않음과 불의에 대하여 하늘로부터 나타나나니"라는 말씀에서 보는 것처럼 그 결과는 하나님의 진노이다.

복음: 인간의 구원

그림의 오른쪽에서 등을 보이고 서 있는 사람은 세례 요한이며, 십자가 밑의 양은 요한복음 1장 29절에 나오는 어린 양 예수를 상징한다. 세례 요한은 오른손으로 십자가에 달리신 그리스도를 가리키며 죄인에게 복음을 전하고 있다. 세례 요한의 말에 귀를 기울이고 그가 선포한 복음을 받아들이는 인간은 하나님 앞에서 더 이상 죄인이 아니다. "의인은 믿음으로 말미암아 살리라"(롬 1:17)와 "사람이 의롭다 하심을 얻는 것은 율법의 행위에 있지 않고 믿음으로 되는 줄 우리가 인정하노라"(롬 3:28)는 말씀이 이 사실을 입증한다. 이 두 말씀은 루터 종교개혁의 대헌장이기도 하다.

그림 위쪽에 십자가에 달리신 그리스도와 그 십자가 아래에 부서진 채 열려있는 무덤이 있고, 무덤 앞에 부활하신 그리스도가 승리자로 서 있다. 여기서 부활하신 그리스도를 주목해보라. 그의 어깨에는 승리자의 외투가 펄럭이며 왼손에는 승리의 깃발이 나부낀다. 그리고 오른손으로는 세례 요한과 인간을 축복하신다. 또한 그리스도는 죽음과 사탄을 발로 밟고 있다. 그가 인간을 괴롭힌 불행의 세력들을 이기신 승리자이며, 이 승리는 그리스도를 믿는 모든 그리스도인의 것임을 보여준다(고전 15:54.55.57).

세례 요한 옆에 선 인간은 두 손을 모으고 기도하고 있다. 십자가에 달린 그리스도의 소식이 인간에게 복음으로 설교된다는 사실을 표현한다. 십자가에 달리신 그리스도의 옆구리에서 나온 피가 인간에게 뿌려지는 모습과 성령의 비둘기가 인간에게 날아가는 모습도 보인다. 이것은 설교를 통해 복음을 믿는 자는 자신이 구원받았음을 성령을 통해 확신하게 된다는 의미다(벧전 1:2).

그림의 배경에는 그리스도의 십자가 사건을 예견하는 놋뱀을 매단 사건을 묘사했다(민 21:8~9). 들판에서 양을 치는 목자들에게 천사들이 구주 탄생의 기쁜 소식을 전하는 장면도 포함되어 있다. 천사들은 마리아에게도 구주 탄생의 기쁜 소식을 전한다.

복음이란 하나님의 은혜와 죄의 용서에 관한 구원의 약속이다. 크라나흐의 목판화는 글자도 모르고 들을 기회도 적은 자들에게 복음의 의미를 그림으로 잘 설명해 준다. 그리스도가 의인이 아니라 죄인을 부르러 오신 것처럼 목판화가 보여주는 복음 역시 자신이 죄인임을 깨달은 사람을 위한 것이다. 죄와 하나님의 은혜의 깨달음은 비례한다. "죄가 더한 곳에 은혜가 더욱 넘쳤나니"(롬 5:20)라는 바울의 깨달음도 이와 맥락을 같이한다. 죄의 깊이를 깨달은 만큼 은혜를 받은 것이다. 받은 은혜의 깊이만큼 죄를 깨닫는 것이기 때문이다. 바울이 자신을 죄인 중에 괴수라 고백한 것(딤전 1:15)과 세리가 의롭다 함을 받은 것도 바로 이 때문이다(눅 18:9~14).

> "은혜의 하나님과 진실한 죄인은 항상 함께한다."[62]

62) WA 15,675,17.

12

하나님의 구원 역사 파노라마

복음을 새롭게 발견한 종교개혁자들은 설교와 교육을 통해 복음을 전파하고 교회를 재정립하였다. 이를 위해 신학과 교리를 특별한 형식으로 집약한 신앙고백서, 교리문답뿐만 아니라 찬송과 그림을 활용하였다. 그중 감동과 위로를 주며 복음을 잘 보여주는 예술작품 중 하나가 바로 독일 바이마르(Weimar)의 '사도 베드로와 바울 교회'로 불리는 시립교회, 소위 헤르더 교회(Herderkirche)의 제단화이다.[63] 이 제단화는 16세기 작센-튀링겐의 주요 예술작품 중 하나로 종교개혁의 중요 사상을 증언한다.

바이마르 시립교회

루터는 1518년부터 1540년까지 바이마르에서 여러 번 설교하였다. 1535년 이후 바이마르 시립교회는 루터의 복음적인 가르침을 대변하는 대표적인 교회가 되었다. 이 교회에서 음악의 아버지로 불리는 바하(J. S. Bach, 1685~1750)가 1708년부터 1717년까지 음악 활동을 하기도 하였다. 또한 철학자 헤르더(J. G. Herder, 1744~1803)가 1776년부터 1803년까지 궁정 설교가, 감리사, 목사로서 활동하였다.

63) 이에 관해서는 W. Führer, Reformation ist Umkehr (Göttingen: Vandenhoeck & Ruprecht, 2016), 112 이하 참조.

바이마르 시립교회 제단화. 출처: Wikipedia

헤르더 교회의 가장 탁월한 예술작품에 속하는 크라나흐 제단화는 세 부분으로 구성되어 있는데, 그중 가운데 부분이 루터의 칭의론을 명료하게 보여준다. 이것은 종교개혁 사상의 정수인 믿음에 대한 가르침의 요약본과도 같다. 그리스도를 통하여 오직 믿음으로 은혜가 임하여 죄인이 구원을 받는다는 복음적 가르침, 이 가르침을 그림으로 분명하고 알기 쉽게 보여준다. 이 제단화는 1552년 루터의 동료였던 루카스 크라나흐(1475~1553)가 그리기 시작하여 그가 세상을 떠난 2년 후인 1555년에 그의 아들이 완성하였다.

오직 그리스도

제단화 중심에 예수 그리스도의 십자가가 있고 여윈 예수 그리스도의 손과 발이 십자가에 못 박혀 있다. 그의 머리에 가시면류관이 씌워져 있고 머리가 한쪽으로 기울었는데, 육체적으로 얼마나 지쳐있는지를 보여준다. 창에 찔린 옆구리에서 피가 뿌려지고 그 아래로 흰 천이 그의 허리를 두르고 있다. 이것들은 중세시대의 그림에서 자주 발견되는 성서의 내용이다. 그러나 중세의 묘사와 달리 종교개혁적인 묘사에는 요한복음 19장 25~27절에 있는 예수님의 어머니 마리아가 나타나지 않는다. 마리아는 중세시대의 경건에 따라 성인에 포함되었다. 마리아가 그림에 묘사되지 않은 것은 '오직 그리스도'(solus Christus)를 나타내고, 십자가에 달린 그리스도가 구원을 가져다주는 동시에 그분 자체가 구원임을 보여준다.

십자가 왼쪽 뒤에 양손을 위로 들고 뛰어가는 사람이 보인다. 낙원에서의 발가벗은 몸과 달리 허리에 천을 두른 이 사람은 타락 후의 아담이다(창 3:10~11. 21). 그는 해골로 묘사된 죽음에, 그리고 오른발 대신 붉은 발톱을 가진 소름 끼치는 괴물로 표현된 사단에 쫓긴다. 그가 도망치는 길목마다 활활 타오르는 불로 막혀있다. 높이 들어 올린 그의 손은 한편으로는 속수무책을, 다른 한편으로는 그가 느낀 공포를 드러낸다. 여기서 그의 시선은 모세가 들고 있는 십계명 돌판에 고정되어 있다. 그러나 십계명을 바라보는 것은 단지 그의 공포를 더 하게 할 뿐이다. 율법은 죄인에게 구원을 가져다주지 못하고 오히려 죄를 깨닫게 하기 때문이다(롬 3:20; 7:7). 인간은 여기서 희망이 없는 절망적인 상황에 놓인다. 한마디로 인간은 타락하여 저주와 두려움 가운데 있을 뿐이다.

제단화의 배경에는 성서의 두 장면이 있다. 오른쪽 그림 가장자리에 민수기 21장 4~9절에 따라 놋뱀을 매단 장면이, 그리고 그 왼쪽에는 누가복음 2장 8~14절에 등장하는 주님의 천사들이 목자들에게 그리스도의 탄생 소식을 전하는 모습이 있다. 놋뱀을 지팡이에 매단 것은 상징적인 예표(豫表, typology)사건이다. 이것은 민수기 21장 8절과 요한복음 3장 14~15절에 근거하여 예수 그리스도가 십자가에 들린 것을 나타낸다. 놋뱀을 매단 지팡이 주변에는 뱀에 물려 죽은 사람, 놋뱀을 바라보는 많은 이스라엘 백성이 있다. "물린 자마다 그것을 보면 살리라"는 말씀에 근거하여 루터는 '그리스도를 바라보는 것'을 '믿음'으로 정의하며 이 믿음으로만 생명을 얻는다고 자주 설교하였다.

목자들에게 소식을 전하는 것은 성서의 말씀에 따라 천사들의 현현으로 묘사한다. 예수 그리스도의 탄생은 하나님의 성령(눅 1:35)과 숫처녀 마리아(눅 1:26 이하)라는 두 근원을 갖는다. 루터는 예수 그리스도의 두 근원을 예수님의 죄 없음에 대한 보증으로 간주하는 동시에 그분이 세상의 죄를 지고 가는 하나님의 어린 양이라는 사실(요 1:29)에 대한 필수조건으로 본다.

믿음의 세 인물

십자가 오른쪽 옆에 세례 요한, 루카스 크라나흐, 마틴 루터가 서 있다. 십자가 바로 옆에 있는 세례 요한은 오른손으로 십자가에 달리신 그리스도를, 왼손으로는 십자가의 밑에 있는 양을 가리킨다. 양의 오른쪽 앞발에 꽂혀 있는 깃발에는 요한복음 1장 29절, '세상 죄를 지고 가는 하나님의 어린 양을 보라'(Ecce Agnvs Dei Qvi Tollit Peccata Mvndi)라고 쓰여 있다. 그리스도가 십자가에서 양처럼 희생제물이 되었음을 나타낸다. 제물이 이미 드려졌기에 여기에 추가적인 다른 것이나 반복적인 제사는 전혀 필요 없다. 온 세상의 죄를 위한 넉넉한 속죄였기 때문이다.

세례 요한이 성서를 근거로 한 인물이라면, 루카스 크라나흐는 십자가 사건을 교회에서 믿음으로 받아들인 사람을 의미한다. 은혜를 상징하는 그리스도의 피가 크라나흐에게 직접 뿌려진다. 크라나흐가 십자가 앞에 나아가 그리스도의 보혈을 통해 은혜받음을 보여주는 것이다. 누구든지 죄인일지라도 하나님 은혜의 보좌 앞에 나아가면 그리스도의 피가 우리의 모든 죄를 사하시고 은혜를 받게 된다는 사실을 말씀과 그림으로 선명하게 증거한다. 피가 뿌려지자 크라나흐 머리 위에 있는 뱀이 도망친다. 이제 그는 그리스도의 속죄에 참여한 자이기 때문이다. 따라서 그는 하나님 앞에서 의롭다 함을 얻는다. 기도하는 모습에서 그가 이것을 확신하고 있음을 확인할 수 있다.

세 번째 인물, 마틴 루터는 외투를 걸치고 있다. 그가 교회의 직분자임을 나타낸다. 그는 성경을 펼치고 있는데, 성경만이 십자가 사건을 해석할 수 있는 권한과 자격을 갖기 때문이다. 루터는 십자가 사건을 밝혀주는 세 구절을 가리킨다. 첫째, 히브리서 4장 16절, "그러므로 우리는 긍휼하심을 받고 때를 따라 돕는 은혜를 얻기 위하여 은혜의 보좌 앞에 담대히 나아갈 것이니라"이다. 이것은 우리가 잔인한 형벌인 십자가형 앞에서 도망치지 말고 오히려 십자가를 향하여 나아가야 함을 뜻한다. 그리스도의 속죄가 이뤄진 십자가가 '은혜의 보좌'(롬

3:25)이기 때문이다. 속죄의 신학을 더 강하게 보여주는 두 번째 구절은 "그 아들 예수의 피가 우리를 모든 죄에서 깨끗하게 하실 것이요" (요일 1:7 하반절)이다. 오직 그리스도의 희생으로 우리가 죄 용서를 받고 구원받는다는 '오직 그리스도'의 가르침을 강조하는 내용이다. 세 번째 구절은 민수기 21장 4~9절과 같은 맥락인 요한복음 3장 14~15절이다.

십자가에 달리신 분은 은혜의 보좌이다. 그분은 "우리가 범죄한 것 때문에 내줌이 되고 또한 우리를 의롭다고 하시기 위하여 살아나셨기" 때문이다(롬 4:25). 부활하신 그리스도는 피와 같은 빨간 색 옷을 느슨하게 두른 모습으로 서 계신다. 십자가에 달리신 분과 부활하신 분은 같고, 부활하신 분은 죽음에 더 이상 묶여 있지 않다는 점에서만 다를 뿐이다. 부활하신 분은 오른발로 죽음을, 왼발로 사탄을 짓밟으신다.

예수 그리스도는 하나님을 대적하는 세력, 죄, 죽음, 사탄과 싸워 최종적으로 승리하셨다. 예수 그리스도의 십자가와 부활로 성취하신 하나님의 최종적인 구속사역은 우리를 위한 것이요, 우리에게 선물로 주어진다. 이것은 오직 은혜로 말미암는다. 하나님의 구원 사역과 복음의 핵심을 한 장의 그림으로 명료하게 보여주는 것이 바로 바이마르의 시립교회 제단화이다.

13

교회의 본질

비텐베르크 시립교회

비텐베르크는 루터의 종교개혁 중심무대였다. 그래서 '루터 도시'(Lutherstadt Wittenberg)로 불린다. 루터는 1511년부터 생애 마지막까지 여기에 머무르며 종교개혁자의 삶을 살게 된다. 그는 1512년 신학박사 학위를 받고 비텐베르크 대학에서 '성서학 교수'가 되었고, 1517년에는 면죄부의 오용을 반박하는 "95개 논제"를 공포하였다. 또한 여기서 1525년에 카타리나 폰 보라와 결혼하여 3명의 아들과 3명의 딸을 두었다. 그리고 1546년 2월 18일 출생지였던 아이스레벤(Eisleben)을 방문한 도중에 세상을 떠나 1546년 2월 22일 비텐베르크의 성교회에 묻혔다.

루터의 활동 중에 가장 중요한 것은 비텐베르크의 시립교회에서 설교자로 활동한 일이다. 루터는 설교직무를 1513년(늦어도 1514년)부터 맡기 시작하여 이곳에서 평생 설교했다. 그가 평소에 '나의 교회'[64]라고 부를 만큼 이 교회는 종교개혁의 근원지라고 해도 무방하다.

---

64) 참조. WA 49,318,2~14.

비텐베르크 시립교회 제단화. 출처: Wikipedia

시립교회 제단벽화

루터가 평생 설교한 비텐베르크 시립교회의 제단에는 크라나흐(Lucas Cranach d. Ä, 1472~1553)가 그린 '크라나흐 제단벽화'가 있다. 여기에 종교개혁 사상에 근거해 기독교 교회의 본질을 보여주는 중요한 의미가 있는 네 개의 그림이 있다. 세례가 행해지는 곳에, 성만찬을 위해 모이는 곳에, 회개와 죄 사함이 약속된 곳에 교회가 존재함을 의미한다(루터가 인정한 성례![65]). 이 모든 것은 십자가에 못 박혀 돌아가신 예수 그리스도 안에 나타난 하나님 사랑을 설교하기 위함이다. 다시

65) 루터와 종교개혁자들은 7성례(세례, 성만찬, 회개, 종유, 결혼, 서임, 견진)를 주장한 중세 로마 가톨릭교회와 달리 두 개(세례, 성만찬/ 초기에는 회개도 인정)의 성례만을 인정했다. 예수의 분명한 지시에 근거하고 명백한 성경의 약속의 말씀 및 분명한 외적인 표시행위가 있는 예식만을 성례로 인정하였기 때문이다.

말해 복음적인 예배란 설교를 듣고 세례와 성만찬에 참여하고 회개를 통해 죄의 용서를 경험하는 것이다.

제단벽화는 종교개혁 예술의 주요작품 중 하나로 손꼽힌다. 이 작품은 '신학적 가르침을 보여주는 그림'(교리 그림)으로서 교훈적이고 교육적인 의미가 있다. 이것은 루터가 죽은 다음 해, 즉 비텐베르크의 교인들이 가장 어려운 상황에 처한 1547년에 비텐베르크 시립교회에 세워졌다.[66]

성자들과 설립자들 대신에 종교개혁가들이 네 개의 사건 속에 포함된 것은 주목할만하다. 일반적으로 종교개혁자 3인 하면 루터, 칼빈, 츠빙글리를 언급하듯이, 비텐베르크 종교개혁자 3인으로는 루터, 멜란히톤(Ph. Melanchthon), 부겐하겐(Johannes Bugenhagen, 시립교회 담임목사)을 꼽는다. 제단 왼쪽 날개에는 유아세례를 베푸는 멜란히톤이, 오른쪽 날개에는 공개적인 고해석에 있는 부겐하겐이, 제단 중앙에는 마지막 만찬에 참석한 루터가, 제단 밑에는 설교하는 루터 그리고 설교를 듣고 있는 회중 가운데 크라나흐가 있다.

---

66) 시립교회의 제단벽화가 세워진 1547년에 비텐베르크에서 약 60Km 떨어진 토르가우(Torgau)와 뮐베르크(Mühlberg)에서는 슈말칼덴 전쟁의 승패를 가름하는 결정적인 전투가 있었는데, 여기서 구교의 황제군대가 승리하고 개신교도는 처참한 패배를 당했다. 그런데 비텐베르크 공동체는 가톨릭 신앙을 가진 황제의 세속 권력이 개신교에 대한 승리를 쟁취하는 시점에 제단벽화 작업을 위탁했는데, "만일 하나님이 우리를 위하시면 누가 우리를 대적하리요"(롬 8:31)라는 분위기가 감지된다. 하지만 1547년 5월 19일 비텐베르크성은 항복하였다. 참조. G. Wenz, Theologie der Bekenntnisschriften der evangelisch-lutherischen Kirche, vol. 1 (Berlin: Walter de Gruyter, 1996), 63~64 각주 33.

설교자 루터. 출처: Wikipedia

설교자 루터

제단의 기저벽화에는 루터가 설교자로 있다. 한 손은 성경 위에 올리고, 다른 한 손은 공동체에게 복음적인 설교의 내용이자 기독교의 중심인 십자가에 달리신 그리스도를 가리키고 있다. 두 손으로 성경과 그리스도를 가리키는 루터의 행위는 우리 신앙의 척도인 '오직 성서'(sola scriptura)와 모든 구원의 원천이자 뿌리인 '오직 그리스도'(solus Christus)라는 종교개혁 구호를 암시한다.

이 그림은 설교란 예수 그리스도를 선포하는 것, 특히 하나님의 가장 큰 사랑의 표시인 그리스도의 십자가를 전하는 일임을 보여준다. 그림 중앙에 그리스도의 십자가가 놓여 있는데, 교회의 내용과 근거가 무엇인지 보여준다. 즉 그리스도의 십자가에 관한 선포가 교회이고, 그 선포는 교회에서 일어나야 한다는 것이다. 그리스도는 십자가에 달리신 상태에만 머물러 계시지 않는다. 예수님 허리에 두르신 천이 펄럭이고 있는 것은 그분이 살아나셨고 지금도 살아계심을 나타낸다.

이 제단 그림은 결국 예배와 교회의 중심은 설교이며, 종교개혁자 루터의 삶에서 가장 중요한 부분 역시 설교임을 말해준다. 한 가지 덧붙이면, 루터의 설교를 듣는 청중에는 루터의 부인, 아들, 그리고 종교개혁 당시의 비텐베르크의 교인들 모습이 묘사되어 있다. 이 그림은 역사적인 문서에 해당한다.

성만찬

벽화의 중심에는 자연풍경을 배경으로 예수님이 제자들과 함께 식탁에 둘러앉아 식사하시는 모습이 그려져 있다. 예수님을 중심으로 제자들이 촘촘히 앉아 있는데, 거기에는 "주님, 저입니까?"라고 묻는 베드로가 있고, 예수님의 품에 안긴 요한의 모습이 보인다. 예수님을 배반하는 유다의 모습도 있는데, 유다는 예수님 앞에 앉아 예수님이 주시는 음식을 받아먹고 있지만, 그의 발은 배신의 표시로 이미 밖으로 내밀어져 있다. 그러나 배신자에게조차 죄가 용서된다는 사실을 그의 어깨너머에 있는 포도주잔이 증언한다. 만찬에 참여한 제자 중에 루터가 발견된다. 그는 수염과 긴 머리를 한 귀공자로서 크라나흐가 이미 여러 번 그린 바 있다. 루터는 음료를 담당하는 사람(아마도 크라나흐 2세)에게서 포도주가 가득한 잔을 받는데, 이종성찬에 대한 성서적 정당성을 보여준다.

유아세례와 고해

왼쪽 날개 그림은 멜란히톤이 공동체 앞에서 유아세례를 베푸는 모습이다. 세례는 죄를 용서하는 성례인데, 유아도 마찬가지다. 유아는 태어나면서 죄에 빠진 상태, 즉 원죄의 짐으로 고통을 받기 때문에 유아세례가 필요하다고 루터는 주장했다. 유아는 세례로 이러한 죄의 짐으로부터 자유하고, 어떤 기여도 못하지만 하나님의 자녀로 받아들여진다. 세례에 필요한 믿음은 하나님이 주시는 선물이기 때문이다.

오른쪽 날개 그림은 비텐베르크 시립교회 목사이자 루터의 고해사제인 부겐하겐이 사면권을 행하는 모습이다. 고해와 사면은 루터가 완전한 성례로는 인정하지 않았지만 루터 교회에서 한동안 행해졌다. 부겐하겐 앞에 무릎 꿇고 회개한 이에게 죄의 용서가 선언된 반면, 회개하지 않고 그 자리를 떠나는 자는 손목이 밧줄로 묶여 있고 화가 난 표정이다. 이 그림은 죄를 사하거나 그대로 머물게 하는 권한을 가진 고해를 묘사한다.

교회의 본질

크라나흐의 벽화는 비텐베르크 교회의 근거를 그림으로 보여주며 교회의 본질, 더 나아가 복음적인 교회의 참된 모습을 제시한다. 크라나흐의 제단벽화가 완성되기 2년 전, 소위 '1545년 비텐베르크의 종교개혁'[67]이라는 교회규정은 참된 기독교 교회의 모습이 다음 다섯 가지

67) E. Sehling, Die evangelischen Kirchenordnungen des 16. Jahrhunderts I/1 (Leipzig: 1902), 209.

항목에 달려 있다고 언급한다.

1) 하나님께서 교회에 주고 계시하고 명령하신 바르고 순전한 가르침.
2) 성례전의 바른 사용.
3) 설교직무의 유지와 목회상담자에 대한 순종.
4) 교회판결이나 영적인 판결을 통한 바른 훈육.
5) 필요한 학습과 학교의 유지.

하나님이 명하신 순전한 가르침(제1항목)의 핵심 내용(제2항목~제4항목)은 크라나흐 제단벽화의 내용처럼 성례전, 설교, 교회훈육을 말한다. 크라나흐의 제단벽화는 복음적인 교회의 근간이자 교회를 구성하는 것이 무엇인지, 그리고 무엇이 교회를 강하게 하고, 어떻게 교회를 인도해야 하는지 명료하게 보여준다. 크라나흐의 제단벽화는 그림으로 보여주는 생생한 교회론이라 할 수 있다.

14

참 그리스도와 거짓 그리스도

반(反)성직자주의

오늘날 참된 그리스도인, 참된 기독교, 참된 교회에 대한 요구가 거세다. 현재 기독교와 교회의 모습이 그렇지 못하다는 방증이다. 종교개혁시대에도 교회와 성직자에 대한 개혁의 요구는 강했다. 그런데 정작 교회 안에서는 이에 대한 반응이 미온적이어서 기독교 반감과 반성직주의를 불러왔다. 이것에 불을 지핀 것이 1521년 초 크라나흐가 만든 소책자 『그리스도와 적그리스도의 수난』(Passional Christi und Antichristi)[68]이다. 이것은 참된 기독교 교회와 당시 로마 가톨릭 교황제도의 대조적인 모습을 말씀과 그림으로 보여준다. '적그리스도'라는 명칭은 요한계시록에 처음 나온다. 루터는 1520년경부터 교황을 적그리스도로 여기기 시작하였다.[69] 민중 사이에서도 교황과 그를 대리하는 성직자들이 덕스럽지 못하고 비기독교적으로 생활하면서 잘못된 기독교를 가르친다는 생각이 팽배하였다. 이런 배경에서 등장한 크라나흐의 작품은 교황을 세상 지배자의 자리에 오르는 적그리스도로

68) 이것은 WA 9,701~715에 나오며, 이에 대한 설명으로 루카스 크라나흐, 『목판화로 대조한 그리스도와 적그리스도의 생애』, 옥성득 역 (새물결플러스, 2015) 참조.

69) 루터는 라이프치히 토론(1519년) 전후로 교황을 적그리스도라고 확신하기 시작하였다. 이에 대해서는 권진호, "마틴 루터와 라이프치히 토론", 「한국교회사학회지」 34 (2013), 115~142 참조.

풍자적으로 묘사한다.

이 목판화의 출현에 루터가 직접적으로 참여하지는 않았지만 이 작품에 사상적으로 영향을 끼쳤음은 확실하다. 루터와 크라나흐의 친분을 미뤄 짐작건대 크라나흐가 직업적인 특성을 살려 루터의 종교개혁 사상을 그림으로 표현하여 널리 전파하도록 한 것이다. 루터는 1521년 5월 7일 슈팔라틴에게 보내는 편지에서 이 작품을 '평신도에게 유익한 책'이라 평가했다.[70]

그리스도와 적그리스도의 수난

총 26개의 목판화로 이루어진 이 소책자는 그리스도의 수난 역사 및 이와 대비되는 적그리스도로서의 교황의 모습을 각각 13개의 그림으로 묘사한다. 각각의 목판화 밑에는 성서와 중세의 교회법전으로부터 멜란히톤과 법률가 쉬베르트페거(Schwertfeger)가 선별하고 주석한 글이 있다.[71] 기독교와 교황제도를 그림과 성경말

그리스도와 적그리스도의 수난(1521).
출처: Wikipedia

70) 참조. WA Br 2, 283, Nr. 385.

71) 참조. WA Br 2, 347, Nr. 413(1521년 5월 26일 멜란히톤에게 보낸 루터의 편지): "대립으로 표현된 수난의 책이 매우 내 마음에 든다. 자네의 작업을 쉬베르트페거가 적극적으로 도와준 줄 안다."

씀으로 대립시켜 조합하는 방식은 당시로는 새로운 시도이자 개혁이었다.

13개의 대조적인 그림은 의미심장한 모티프로 비교되어 있다.

그리스도	적그리스도
그리스도가 (왕관으로 상징되는) 세상 통치권 앞에서 도망가심. - 요 6:15; 요 18:36; 눅 22:26.	교황이 군사적인 무장을 한 황제의 궁전 입장을 허락하지 않음. - 교회법; 벧후 2:1~2.
그리스도가 감옥에서 가시면류관을 쓰고 치욕을 당하심. - 요 19:2.	교황이 마치 세상 지배자처럼 왕관을 쓰고 충성맹세를 받음. - 교회법.
그리스도가 제자들의 발을 닦고 입 맞추심. - 요 13:14~17.	교황이 황제와 왕과 제후들에게 자기 발에 입 맞추게 함. - 계 13:15; 교회법.
그리스도가 베드로에게 물고기의 입에서 나온 돈을 세금으로 내라고 명하심. - 마 17:27; 롬 13:4,6,7.	교황이 성직자에게도 세금을 요구하는 황제를 파문함. - 교회법
그리스도가 평민, 병자, 장애인 가운데서 기도하고 설교하심. - 빌 2:6~8.	교황은 경기장의 높은 단상에서 구경함. - 교회법.
피곤에 지친 그리스도가 베드로와 다른 제자들과 함께 길을 걸으심. - 요 4:6; 마 16:24; 요 19:17.	교황이 가마를 타고 궁정에 들어감.
복음의 말씀으로 공동체를 양육하심. - 눅 4:43~44.	교황이 음악을 즐기며 식도락에 빠짐. - 교회법; 사 56:12.
아기 예수가 구유에 누이심. - 눅 9:58; 고후 8:9.	도시를 엄호하는 지휘관인 교황. - 교회법.

그리스도	적그리스도
그리스도가 나귀를 타고 예루살렘에 입성하심. - 마 21:5; 요 12:15.	교황이 교만하게 말을 타고 감. 바위 뒤에 그의 목적지인 지옥이 보임. - 교회법. 콘스탄티누스; 요한 22세.
그리스도가 제자들에게 여분을 소유하지 말라고 명하심. - 마 10:9~10; 행 3:6.	교황은 주교를 한 도시의 주인으로 세움. - 교회법.
그리스도가 바리새인들이 손을 씻는 것과 같은 외적인 규정을 거부하심. - 눅 17:20~21; 마 15:3,9; 사 29:13.	외적인 예식에서 성직자들이 교황을 숭배하고, 교황은 이들을 축복함. - 딤전 4:1,3.
그리스도가 성전에서 고리대금업자들을 쫓아내심. - 요 2:14~16; 마 10:8; 행 8:20.	교황은 큰 고리대금업자로서 면죄부를 판매함. - 살후 2:3~4; 단 11:36~45; 교회법.
그리스도가 제자들이 보는 앞에서 하늘로 올라가심. - 행 1:9~11; 눅 1:33; 요 12:26.	교황은 지옥으로 떨어짐. - 계 19:20~21.

그리스도의 겸손과 적그리스도의 교만

그리스도의 세족 장면과 교황의 발에 입 맞추는 장면을 살펴보자. 그리스도는 겸손하게 제자들 앞에 무릎 꿇고 베드로의 발을 씻기신다. 여기에는 요한복음 13장에 없으나 크라나흐가 추가한 부분이 있는데 바로 그리스도가 베드로의 발에 입 맞추시는 모습이다. 반면 교황은 추기경과 주교에 둘러싸여 3중관과 화려한 의복을 입고 화려하게 장식한 왕좌 위에 앉아, 납작 엎드린 황제에게 자기 발에 입 맞추도록 한다.

왕과 세속 영주들은 교황의 발에 입 맞추기 위해 일렬로 기다린다. 적그리스도 그림 아래의 설명은 무엇보다도 요한계시록 13장 15절,

"짐승의 우상에게 경배하지 않는 자는 모두 죽게 되리라"는 말씀과 관련된다. 중요한 것은 기독교의 겸손과 비도덕적인 교만의 대립뿐만 아니라 황제로 대표되는 독일 민족의 굴욕적 정치 행위가 반(反)로마적 정서의 기폭제가 되었다는 사실이다. 크라나흐는 1520년 루터의 작품 『독일 귀족 그리스도인에게 보내는 글』의 내용과 일치하는 구성을 한다.

> "그리스도와 교황 두 사람을 비교해보라. 그리스도께서는 제자들의 발을 씻고 닦아 주셨다. 제자들은 그리스도의 발을 씻지 않았다. 그리스도보다 높은체하는 교황은 이 관계를 뒤집어서 마치 큰 호의를 베푸는 양 사람들에게 자기 발에 입 맞추게 한다. 교황은 어떤 사람이 자기 발에 입 맞추려고 한다면 그러한 짓을 하지 못하도록 온갖 노력을 다하는 것이 합당하다."[72]

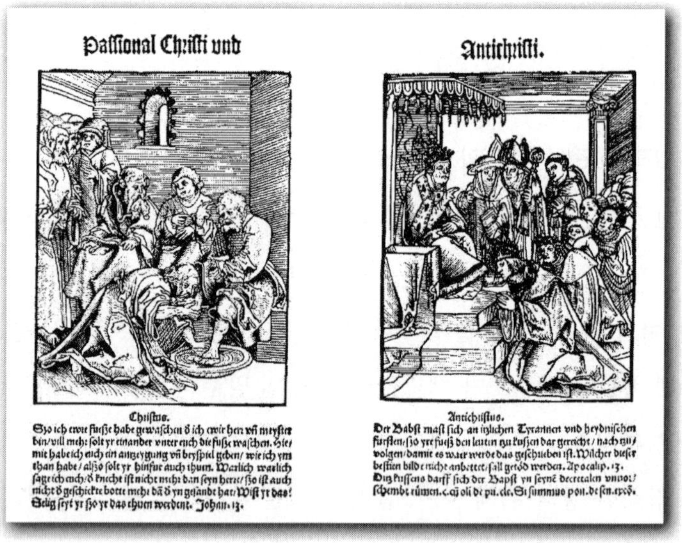

출처: Wikipedia

72) WA 6,435[존 딜렌버거 편, 『루터 저작선』, 이형기 역 (크리스챤다이제스트, 1994), 522].

성전 정화와 면죄부 장사

크라나흐는 그리스도가 성전에서 장사하는 사람들을 내쫓으신 것과, 종교개혁의 직접적인 원인이었던 면죄부 장사 모습을 12번째로 대조한다. 여기에 모든 종류의 이자놀이와 고리대금업 등의 행위를 거부하는 성서구절을 인용한다. “성전 안에서 소와 양과 비둘기 파는 사람들과 돈 바꾸는 사람들이 앉아 있는 것을 보시고 노끈으로 채찍을 만드사 양이나 소를 다 성전에서 내쫓으시고 돈 바꾸는 사람들의 돈을 쏟으시며 상을 엎으시고 비둘기를 파는 사람들에게 이르시되 이것을 여기서 가져가라 내 아버지의 집으로 장사하는 집을 만들지 말라 하시니”(요 2:14~16); “베드로가 네가 하나님의 선물을 돈 주고 살 줄로 생각하였으니 네 은과 네가 함께 망할지어다”(행 8:20). 맞은 편

출처: Wikipedia

의 적그리스도는 하나님의 성전에서 왕관을 쓰고 자신이 서명한 면죄부 증서를 판매하고 있다. 교황과 신자들 사이에 서 있는, 면죄부 설교가 요한 테첼을 떠오르게 하는 수도사가 면죄부를 판매한다. "그는 대적하는 자라 신이라고 불리는 모든 것과 숭배함을 받는 것에 대항하여 그 위에 자기를 높이고 하나님의 성전에 앉아 자기를 하나님이라고 내세우느니라"(살후 2:4)라는 그림 아래의 성서구절은 은혜를 약속하는 교황의 오만함을 다시 한번 강조한다. 은혜의 약속은 오직 하나님의 권한에 속하기 때문이다.

크라나흐의 목판화는 그림에 담긴 내용뿐만 아니라 추가된 주석, 즉 성경과 교회법과 관련하여 구원사적인 지평을 열어주는 주석을 통하여 성서에 근거한 참된 기독교의 모습을 명확하게 보여주며 비성서적인 제도에 대한 비판을 가능하도록 만들었다. 이 소책자는 구원과 참된 믿음의 내용을 제시하고 종교적 관심사들을 그 시대의 잘못된 교회에 대한 비판과 연결시켰다. 또 당시 구원과 불행, 그리스도와 적그리스도인 교황 사이에서 무엇을 선택할지 결정하도록 하는 엄한 메시지를 보여주었다. 이 책이 독자들에게 미치는 파급효과는 대단했고 인기를 얻은 것은 당연하였다.

500년 전의 작품을 통해 우리는 현재 기독교 교회의 모습을 되돌아보며 회개하고 바른 교회를 위한 하나님의 역사를 위해 기도해야 할 것이다.

IV

그리스도인의 삶

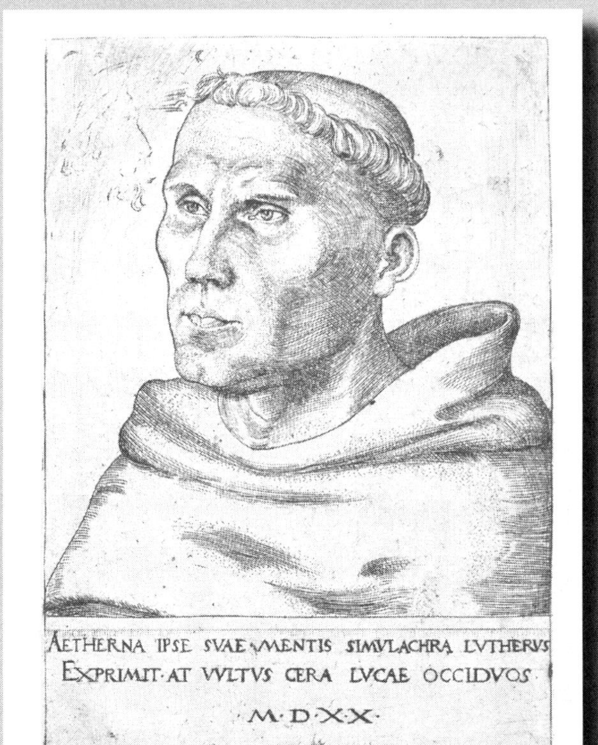
AETHERNA IPSE SVAE MENTIS SIMVLACHRA LVTHERVS
EXPRIMIT AT VVLTVS CERA LVCAE OCCIDVOS
M·D·X·X·

15

재물을 그리스도인답게 사용하라

재물(돈)은 육신을 가진 그리스도인에게 필수 불가결한 것이지만 교회에서 언급하거나 가르치기 쉽지 않은 주제다. 십일조나 청지기 사상을 강조하기는 하지만, 재물에 관해서는 가르치기보다는 개인적인 판단에 맡겨두기 일쑤이다. 그러나 성경은 돈에 대해 침묵하지 않는다. 아니, 오히려 돈에 관해 자주 언급한다.

종교개혁 역시 시작부터 사회·경제적 윤리와 밀접한 관련을 가졌다. 루터는 종교개혁 초기부터 경제 문제에 대해 깊은 관심을 가졌다. 면죄부 논쟁 배경에는 신학적·종교적인 이유뿐만 아니라 경제적인 고려도 개입되어 있었다. 루터는 사회·경제적인 문제들을 여러 작품에서 다루었다.[73] 루터에게 (사유)재산은 하나님의 규정이요 선물이다. 그래서 선행이란 소유를 포기하는 것이 아니라 소유를 통해 이웃을 돕는 것이라고 강조했다.

재물 하면 가장 먼저 떠오르는 구절은 하나님과 맘몬(재물)을 겸해 섬길 수 없다는 마태복음 6장 24절 말씀이다. 이에 관한 루터의 설교[74]

---

73) 루터의 경제관은 1519년, 1520년, 1524년, 1540년에 나온 고리대금업에 관한 작품들에 나타난다. "고리대금업에 대한 (소)설교"(WA 6,3~8); "고리대금업에 대한 (대)설교"(WA 6,36~60); "교역과 고리대금업"(WA 15,294~310); "목사들에게 고리대금업을 반대하는 설교를 권함"(WA 51,331~424).

74) 참조. 마틴 루터, "재물, 소유할 것인가 섬길 것인가", 『보라, 네 왕이 네게 오신다』, 권

를 근거로 그리스도인의 재물관을 생각해 보자.

"침대가 너무 좁다"

두 주인을 섬길 수 없으며 두 가지 대상을 주인으로 섬기는 것은 참된 섬김이 아님을 루터는 강조한다. 하나님은 우리가 다른 대상을 섬기는 것을 허락하지 않으시는 질투의 하나님이시다. "나만 섬기든지 아니면 나를 아예 내버려 두라"고 말씀하시는 하나님은 우리가 하나님과 맘몬을 동시에 섬기는 것을 참지 못하신다. 루터는 우리가 두 주인을 섬길 수 없음을 비유적인 언어로 묘사한다.

> "이사야가 말하는 것처럼(사 49:20) 침대가 너무 좁습니다. 인간 마음의 양심은 하나님과 맘몬이 동시에 거할 수 없을 만큼 좁습니다. 이것 외에는 인간의 마음은 이 땅 위의 모든 보물로도 만족할 수 없을 만큼 넓습니다. 그러나 하나님과 관련된 일에서는 인간의 마음은 다릅니다."[75]

재물을 소유할 것인가, 섬길 것인가

하나님과 맘몬을 같이 섬길 수 없는 이유는 무엇인가? 그리스도인의 사유 재산을 부정하는 것인가? 당연히 아니다. 맘몬이란 단지 소유하는 재물이 아니라, 소유자가 보물로 여기고 마음을 쏟고 섬기는 대상으로서의 재물이다. 골로새서 3장 5절에서 말하는 것처럼 맘몬은 세상의 신으로, 우상 숭배인 탐욕을 말한다. 재물을 신이나 우상으로

진호 역 (한들출판사, 2021), 85~106. - 루터는 이 본문으로 적어도 열두 번 이상 설교하였다.

75) WA 15,676,18~22(1524년 9월 4일 설교).

섬기며 신뢰하는 것이다. 맘몬은 재물의 소유자에게 재물을 보호하고 섬기도록 하는 특성이 있다. 맘몬은 자신만을 사랑하고 섬기도록 요구한다. 그 결과 맘몬을 사랑하고 섬기게 되는데, 이것이 우상 숭배이다.

사실 누구도 (심지어 그리스도인도) 재물 없이는 살 수 없기에 재물을 소유하는 것은 금지되지 않는다. 루터는 오히려 성경의 많은 신앙인(아브라함, 다윗 등)이 많은 재물을 가진 부자라고 언급한다. 여기서 재물을 '소유하는 것'과 '섬기는 것'은 다르다는 사실이 중요하다. 그리스도인에게 허락된 것은 재물의 소유일뿐, 재물을 섬기는 것은 허락되지 않는다.

> "여러분은 재물을 여러분의 주인이 되게 해서는 안 됩니다. 오히려 그것이 여러분을 섬기게 해야 하며 여러분이 그것의 주인이 되어야 합니다."[76]

'재물을 소유한 자'는 재물의 주인으로, 자기 재물을 하나님의 뜻에 합당하게 관리하고 사용한다. 도움이 필요한 자와 가난한 자들을 돕는다. 반면 '재물을 섬기는 자'는 재물의 노예로, 재물을 선하게 사용하지 않고 오히려 재물이 그를 소유하여 지배한다. 재물의 노예이기에 재물을 하나님의 뜻대로 사용하지 못한다. 도움이 필요한 이들에게 재물을 베풀지 않고 손에 움켜쥐는 맘몬의 노예일 뿐이다.

---

76) 『루터 선집. 제3권』, 187.

재물 소유의 근거

재물의 소유가 인정되는 경우, 중요한 문제는 재물에 어떤 태도를 취하고 재물을 어떻게 사용하는가 하는 것이다. 재물은 하나님의 선물, 아니 하나님께서 빌려주신 것이기에 우리에게는 재물에 대한 책임이 있다. 재물과 부를 잘못 사용하면 그것은 죄가 되고 만다. 재물을 '소유'해서가 아니라 재물을 잘못 사용해서 불의한 재물이 되는 것이다.[77]

그리스도인의 재물 소유의 근거는 소유를 위한 소유나 자신만을 위한 소유가 아니라 이웃을 섬기고 사랑하기 위함이다. 그러므로 재물의 소유는 사랑의 규범에 기초한다.[78] 재물이 이웃을 섬기는 데 필요한 경우 재물 소유는 타당하고 합당하다. 내 재산에는 내 것만이 있는 것이 아니라 이웃을 섬기기 위한 몫, 즉 이웃의 몫이 있다. 루터는 소유한 재물에는 기본적으로 내 몫 외에 다른 사람의 몫이 있다고 생각한다. 다른 사람의 몫을 가로채는 자, 즉 가난한 자들을 구제하지 않는 자는 하나님을 미워하는 것이고, 그의 재물은 불의하다.

그리스도인은 경건하고 가난한 자들에게 관심을 기울이고 그들을 도와야 한다.[79] 만일 그렇게 하지 않는다면 하나님을 사랑하지 않는다

77) 눅 16:1~9의 비유에서 재물이 불의한 이유는 재물로 이웃을 섬기지 않기 때문이라고 루터는 이해한다. 참조. 마틴 루터, "불의한 재물에 관한 설교", 『루터를 안다』, 권진호 역 (대장간, 2019), 147 이하.

78) 루터는 이웃에게 주라고 명령하신 예수님의 말씀 속에 이미 재물 소유를 인정하고 있다고 간주한다. 아무것도 가지고 있지 않으면 어떻게 줄 수 있겠는가? 또 "네 가진 것을 팔라"는 예수님의 명령도, "도적질하지 말라"는 계명도 재산의 소유를 인정한 것이다.

79) 루터는 가난한 자를 돕는 것을 개인적인 일로만 여기지 않고 제도화해야 한다고 보

는 증거이고 결국 심판을 받게 될 것이라고 루터는 설교한다.

염려와 일

루터는 재물이나 삶의 문제에 대한 그리스도인의 태도에 있어 결정적인 언급을 "무엇을 먹을까 염려하지 말라"는 예수님 말씀에서 찾는다. 그리스도인에게 염려는 금지된다. 하나님께서 우리의 필요를 (우리가 구하기도 전에) 모두 알고 계시기 때문이다. 하나님이 모든 것을 약속하셨는데 인간이 염려하는 것은 어리석은 짓이라고 루터는 말한다. 여기서 '염려'와 '일'은 구분되어야 한다. 그리스도인에게 염려는 금지되었지만, 일하는 것은 금지되지 않고 오히려 명령되었다. 창세기 3장 19절과 시편 104편 23절에 따르면 땀 흘리며 일하는 것이 인간의 본분이다.

그리스도인의 삶은 믿음과 사랑, 두 부분으로 요약된다. 믿음이 본질에 해당하며 하나님을 향한 것이라면, 사랑은 이웃을 향한 것이다.

았다. 종교개혁 당시 중세 가톨릭교회는 가난한 자들을 돌보는 자선을 통해 천국에 들어갈 수 있다는 가르침을 근거로 재물 소유를 인정했다. 탁발 수도승들은 거룩하고 구걸은 다른 사람에게 선행을 베풀 기회를 준다고 여겨졌다. 그러나 루터는 복음적인 삶으로 여겨진, 가난이나 가난한 자를 위한 자선이란 본질상 행위이기에 구원에 대한 의미가 없다고 보았다. 그래서 걸식 행위를 금지하는 대신 도시 차원뿐만 아니라 교회 차원에서도 가난한 자들을 돕는 규정을 제정하도록 했다. 그 첫 열매가 『비텐베르크시의 일반적인 재정 규정』(1522)이고, 교회규정으로 라이스니히(Leisnig)시 교회의 『공동 재산 금고의 규정』(1522/23)이 있다. 가난한 자들을 위한 규정들은 가난을 방지할 뿐만 아니라 해결하기 위한 사회복지정책이 그리스도인의 사회적 책임이라는 루터의 확신을 실행한 것이었다. "그리스도인 가운데는 거지가 없어야 한다"는 확신으로 루터는 개인적인 자선을 넘어 사회보장제도를 추구했다고 볼 수 있다.

그리스도인은 믿음과 사랑이라는 두 삶을 사는 존재이다. 여기서 '믿음의 염려'와 '사랑의 염려'는 구분되어야 한다. 신앙인이라면 자신의 문제를 하나님께 맡기고 하나님의 도우심과 돌보심을 신뢰하며 염려하지 말아야 한다. 즉 믿음의 염려는 금지된다. 반면 이웃에 대한 염려, 즉 사랑의 염려는 필수적이다. 신앙인은 이웃의 형편을 돌보며 하나님께서 주신 재물을 바르게 사용해야 한다. 루터의 말을 들어보자.

> "신앙인은 모든 사람을 돌보시는 하나님의 돌보심을 믿어야 한다. 반면 하나님이 주신 재물로 누구를 어떻게 섬길지 염려하는 것, 이것은 그리스도인이 가져야 하는 사랑의 염려이다."

루터는 "일하라, 염려하지 말라, 내가 그것을 주겠다"는 하나님 말씀을 믿고 염려하지 말라고 권고하며, 우리 자신에게 주어진 것을 가지고 이웃을 어떻게 섬길 것인가 하는 사랑의 염려만이 그리스도인의 염려가 되어야 한다고 강조한다.

그리스도인의 바른 재물관

루터의 재물관을 정리해보자.

첫째, 그리스도인의 재물관은 그의 믿음이 어떤지를 보여주는 척도이다. 재물을 신뢰하며 재물의 많음에서 위안을 얻는 태도, 자신의 재물을 하나님의 영광과 이웃의 유익을 위해 사용하지 않는 모습, 이 모습은 루터에 따르면 죄이고 불신앙이며 하나님을 미워하고 사탄에 속한 것이다.

둘째, 재물 자체는 악이나 선이 아닌 중립적인 것이다. 부자가 악한 것도, 가난한 자가 선한 것도 아니다. 중요한 것은 재물에 대한 우리의 태도이다. 재물을 섬김으로 그것의 노예가 되는지, 재물을 소유하는 주인이 되어 하나님 뜻대로 사용하는지가 중요하다. 재물의 사용 또한 중요한데, 우리의 재물이 우리 것만이 아니라 하나님과 이웃의 것임을 깨달아 이를 우리 자신뿐만 아니라 이웃을 위해서도 사용해야 한다.

셋째, 재물은 하나님의 선물로, 하나님께서 이 세상에서 주신 축복이다. 하지만 재물은 실제 하나님의 진정한 축복이 아니라 믿음과 소망 그리고 사랑이라는 진정한 축복의 그림자이다. 재물은 또한 하나님의 은사다. 은사가 모든 그리스도인에게 동일하게 주어지는 것이 아니기에 그리스도인이 모두 부자일 수는 없다. 은사가 자신보다는 공동체의 유익을 위해 주어지고 사용되어야 하는 것처럼, 재물은 이웃을 돕고 교회와 사회를 세우도록 '빌려' 주신 하나님의 선물, 은사임을 잊지 말아야 할 것이다.

16

성도, 기쁨의 백성

성도는 어떤 존재이고 또 어떤 존재이어야 할까? 루터에게 성도란 무엇보다도 밤낮으로 기뻐하는 백성이다. 현재 먹을 것이 있든 없든 어떤 상황에서든 항상 기뻐하되, "마음이 기쁨으로 가득하여 용감하고 담대하게 기뻐하는 백성이다."[80]

> "우리 그리스도인은 기쁨을 가지고 일하며 직업을 수행해야 합니다. 만일 기쁨이 없다면 기도해야 합니다. 우리는 기뻐할 수 있고 또 기뻐해야 하는 복된 백성입니다. 물론 그 기쁨은 '주님 안'에서입니다."[81]

세상의 기쁨

우선, 참된 기쁨이 아닌 세상의 기쁨은 무엇인가? 그것은 '배(육신)의 기쁨'[배가 불러 느끼는 기쁨]이다. 세상의 기쁨이란 부유할 때, 높은 신분일 때, 권세가 있을 때 갖는 기쁨이다. 또한 승리했거나 원하는 것을 얻었거나 소유한 재물 때문에 기뻐하는 것이다. 그러나 이러한 세상의 기쁨, 배의 기쁨은 성도의 기쁨과 다르며 참된 것이 아니다.

> "누군가 부자이고 귀족 출신이어서 기뻐한다면 이것은 그리 오래가지 않습

80) WA 51,100,14(1545년 12월 20일 대강절 제4주 설교).

81) WA 51,101,8~10.

니다. 욕심쟁이는 참으로 기뻐하는 마음을 갖지 못합니다. 자신은 충분히 갖고 있지 않다고 생각하여 더 많이 움켜쥐고자 하기 때문입니다. 맘몬은 진실로 기쁨을 표현할 수 없습니다. 이런 자들은 돈을 셀 때는 기분이 좋고 먹고 춤출 때는 즐거워하지만, 이것이 사라지면 기쁨을 느끼지 못합니다.[82] 고리대금업자는 자기 돈과 이자로 기뻐할지라도 그의 마음은 두려움과 공포로 가득 차 있습니다. 돈은 단지 슬프게 만들며 고통의 부르짖음을 갖다 줄 뿐입니다. 그는 은혜로운 하나님을 모르기 때문에 그의 기쁨은 고통에 불과합니다. 그는 결코 "하나님께서 내게 호의를 보이며 친절하시다"라고 말할 수 없습니다. 그는 기쁨 대신에 "오, 이제, 그리고 앞으로 영원토록 나는 저주 가운데 있다"라고 말할 수밖에 없을 것입니다."[83]

성도의 기쁨

그럼 성도가 누리는 기쁨은 무엇인가? 그 기쁨은 어디서 오는가? 루터는 기쁨을 우리 그리스도인의 삶의 외적인 태도나 표현에 불과한 것이 아니라 믿음과 관련 있는 것으로 설명한다.

기쁨은 우선 믿음의 열매다. 갈라디아서 5장 22절에서 말하는 것처럼 기쁨은 믿음의 열매요 결과이다. 하나님을 믿지 않는 마음이 하나님 안에서 기뻐하는 것은 불가능하다. 믿음이 있지 않은 곳에서는 하나님을 생각하고 그 이름을 말하기만 해도 두려움과 공포를 느끼며 우울해진다. 하나님에 대한 미움과 적대감이 그 마음속에 존재하기 때문이다. 루터는 이런 마음의 원인을 양심의 가책과 함께 하나님께서 은혜롭고 자비로우시다는 사실을 신뢰하지 못하기 때문이라고 여긴다. 믿음으로 은혜로운 하나님을 발견하여 의롭게 되고 악한 양심

82) WA 51,100,16~20.

83) WA 51,1014~8.

을 버리게 될 때, 기쁨을 갖게 된다. 다시 말해 기쁨은 믿음의 열매로 오는 결과다.[84]

루터에 따르면 믿음은 영혼뿐만 아니라 육신도 변하게 하여 육신과 혀(말)를 기뻐하게 한다. 루터는 1535년 7월 2일 성모 마리아 축일 오전 설교에서 누가복음 1장 39절 이하를 본문으로 마리아와 엘리사벳에 관해 설교했다.[85] 두 사람은 바른 믿음으로 죄와 악의가 사라지고, 순전한 의가 마음속에 찾아들었다. 결국 이들의 양심은 차분하게 되고 크고 강한 기쁨을 갖게 되었다. 설사 온 세상이 사탄으로 가득할지라도 마리아와 엘리사벳에게는 아무것도 아니었다. 마음속에 믿음이 있을 때 이런 변화가 일어난다. 믿음으로 육신과 마음의 변화가 일어나면 우리는 단지 하나님에 관해 듣기만 해도 "영원토록 순전히 기쁨과 환희 속에 흠뻑 빠지게 될 것이다." 루터는 공로라고 칭할 만한

84) 참조. WA 10I2,170,24~171,16(1522년 대강절 설교집). - 루터는 이 설교 다음에 어떻게 악한 양심을 버리고 은혜로운 하나님을 만나게 되는지 설교한다. 루터는 행위로 시작하고자 하는 '행위의 의'를 강하게 비판하면서 "오히려 우리는 모든 행위 가운데 자신에 대해 낙담하며 그리스도 안에서 하나님을 붙잡고, 복음을 붙들고, 복음이 약속하는 것을 믿어야 합니다"라고 권면한다. 그런 후에 복음의 내용을 설명하며 복음에 대한 믿음이 있을 때 기쁨이 온다고 설교한다. "복음은 바로 다음 사실을 약속하는 것입니다. 곧 그리스도가 우리에게 선물로 주어지고, 우리의 죄를 스스로 담당하시며, 우리의 감독(다른 사본: 대제사장), 중재자, 하나님 앞에서 대변자가 되신다는 사실입니다. 따라서 그리스도와 그의 사역을 통하여 죄가 용서되었고, 하나님께서 우리와 화해하셨고, 양심이 자유하게 되고 방해받지 않고 바로 서게 됩니다. 복음에 대한 이러한 믿음이 실제로 마음에 있다면, 하나님께서는 사랑스러운 존재로 다가옵니다. 왜냐하면 마음이 모든 신뢰 가운데 하나님께 자비와 은혜를 느끼며 그의 처벌을 두려워하지 않기 때문입니다. 하나님께서 넘치는 은혜와 선한 일을 그리스도 안에서 행하신 것은 확실하고 유쾌한 일입니다. 이러한 믿음으로부터 사랑과 기쁨과 평안이 뒤따라옵니다"(WA 10I2,171,24~172,8).

85) 참조. WA 41,355~361.

어떤 행위를 통해 기쁨을 얻는 것이 아니라고 확언한다. 엘리사벳은 이전부터 경건했으나 마리아가 하나님(예수님)의 어머니라는 사실을 믿고 나서야 참된 기쁨을 가진 것이다. 그녀의 육신의 눈으로는 마리아가 하나님의 어머니임을 보지 못했다. "내 주의 어머니가 내게 나아오니 이 어찌 된 일인가!"(눅 1:43)라는 믿음의 고백은 눈과 귀를 통해서가 아니라 마음으로 믿은 말씀을 통해서만 이루어진 것이다. 결국 사람의 마음을 기쁘게 만드는 것은 행위가 아니라 오직 믿음이다.

> "행위는 마음을 기쁘게 하지 못합니다. 이 일은 믿음만이 할 수 있습니다. 믿음이 기뻐한다면, 이 믿음은 말씀과 행위와 십자가를 기쁘게 만듭니다. 그리고 지옥 한가운데에 하늘나라를 세웁니다. 다시 말하면 영적인 시련이 아무리 크다고 해도 단 한 방울의 믿음으로 이 시련을 이겨 낼 수 있습니다. 이것이 참된 믿음의 강한 역사요 능력입니다."[86]

성도의 기쁨의 근거

그럼 성도는 왜 기뻐해야 할까? 성도의 기쁨은 배가 불러 만족하는 '배(육신)의 기쁨'이 아니다. 성도는 하나님 때문에, 하나님의 은혜 때문에 기뻐해야 한다고 루터는 말한다. 이 말이 곧 바울이 말한 "주 안에서 기뻐하라"(빌 4:4)는 의미이다. 하나님과 그분의 자비에 기뻐하며 온전히 신뢰하는 것이 바로 '주 안에서 기뻐하는 것'이다. "주 안에서 기뻐하라"는 말씀은 주님을 은혜로운 아버지로 신뢰하고 찬양하고 자랑하라는 말이다.[87] 이것은 은이나 금으로, 먹고 마시는 것으로, 쾌

86) WA 41,357,9~13.

87) WA 10I2,172,17~19.

락과 노래로, 강함과 건강으로, 예술과 지혜로, 권력과 명예로, 우정과 호의로, 선한 행위와 거룩함으로 기뻐하는 것과는 전혀 다르다. "왜냐하면 이것들은 마음 중심을 건드리지도, 채우지도 못하는 기만적인 거짓 기쁨이기 때문이다."[88]

주 안에서 기뻐하는 성도는 하나님의 마음에 든다. 마음이 확고하고 기쁨으로 가득할 때 성도는 사탄과 죽음조차 두려워하지 않는다.

> "성도의 기쁨은 바로 임마누엘 하나님이 우리 안에, 우리와 함께, 우리 마음 속에 계시기 때문에 가능하다. 그리스도가 우리의 주인이며 또한 하나님을 우리의 아버지로 만든 것에 대한 기쁨을 그 무엇과 바꾸겠는가! 세상의 부유는 보잘것없지 않은가! 나는 성도의 기쁨을 세상의 부유함과 바꾸지 않겠다. 세상의 부유함은 성도의 기쁨에 비하면 배나무 줄기에 불과하다."[89]

성도는 기쁨으로 뛰고 '할렐루야'를 외치며 찬양하는 존재다. 하지만 아쉽게도 그런 성도들이 드물다고 루터는 한탄한다. 하나님은 우리의 기쁨이 되고자 하시고 우리에게 기뻐할 기회를 충분히 주시는데, 예수 그리스도가 우리에게 오신 일이 바로 그런 기회라고 루터는 여긴다.

루터는 성도의 기쁨의 근거를 우리 안에, 우리와 함께, 우리 가운데 계시는 '임마누엘 그리스도'에서 발견하며 그리스도인이 어찌 기뻐할 수밖에 없는지 설명한다.

---

88) WA 10I2,172,15~16.

89) WA 51,101,10~15.

"그리스도는 죽고 부활하셨습니다. 그는 우리와 함께하며 다음과 같이 말씀하십니다. "나를 믿으라, 그리하면 죄 사함을 받을 것이다. 사탄도 네게 아무것도 할 수 없다. 불신자들이 너보다 더 많은 금과 은을 갖고 있지만 … 너는 우리 주 하나님의 소유물을 갖고 있다. … 나는 네게 나 자신을 주었다. 나는 태양이나 달을 가져다준 것이 아니라, 나의 힘이요 내 생명인 나의 독생자를 주었다. 이 아들은 영원히 네 것이다." 누가 부유한 자입니까? 터키의 황제와 교황은 부유해 보이지만 실상 그들은 거지입니다. 그들은 우리 주님이 경건치 못한 자들에게 허락한 권력만을 갖고 있을 뿐입니다. 그러나 그리스도인은 부유합니다. 왜냐하면 그리스도인은 적선 받은 빵을 가진 것이 아니라, 모든 재화를 주시는 분을 모시고 있기 때문입니다. 다시 말해 이분은 당신에게 기쁨을 주실 뿐만 아니라 믿음으로 시작하여 완성하게 하십니다. 모든 임금은 그리스도인과 비교하면 겨우 빵 한 부스러기를 가진 진짜 거지에 불과합니다."[90]

우리를 진정 부유한 자로 만들고 기뻐하게 하시는 그리스도는 우리가 죄를 지어도 하나님 앞에서 우리의 대언자가 되시기 때문에, 성도는 기뻐해야 한다. 루터는 "내가 다시 말하노니 기뻐하라"(빌 4:4)는 말씀을 다음과 같이 강해한다.

"우리는 모두를 슬픔으로 이끄는 여러 죄와 악 가운데 살기 때문에, 사도는 말씀을 통하여 우리가 이에 저항하며 바로 서기를 원합니다. 우리가 이따금 죄에 빠진다고 해도 우리는 죄 가운데서의 슬픔보다 주 하나님 안에서의 기쁨이 더 크다는 사실을 기억해야 합니다. 사실 우리에게 죄란 항상 존재하며, 죄는 본성상 슬픔과 양심의 두려움을 가져옵니다. 그럼에도 우리는 기쁨이 지배하도록 해야 하며, 그리스도가 우리의 죄보다 더 위대하다는 사실

90) WA 51,101,23~102,8.

> 을 기억해야 합니다. 요한이 요한1서 2장 1절과 2절, 그리고 요한1서 3장 20절에서 말한 것처럼 말입니다."[91]

성도의 기뻐하는 삶에 대한 루터의 생각을 정리해보자. 그리스도인이란 그리스도를 믿고 이로부터 기쁨을 누리며 사는 존재이다. 성도의 정체성은 바로 이 믿음과 기쁨의 관점에서 파악된다.

> "당신 자신을 테스트해 보고 당신이 그리스도인인지 관찰해보십시오! 만일 구주이며 구원자이고 천사들이 선포한 아들이 당신의 구원자임을 노래할 수 있다면, 그리고 천사의 말을 인정하고 당신의 마음으로 그것을 믿는다면, 당신의 마음은 신뢰와 기쁨, 그리고 용기로 가득 찰 것이며 당신은 지상의 어떤 것도 두려워하지 않을 것입니다. 즉 당신은 그리스도인입니다."[92]

반대로 "그리스도인인 당신의 마음속에 기쁨이 존재하지 않는다면 당신은 믿음이 약하거나 전혀 없는 것이다. 당신은 그리스도의 말씀을 믿지 않은 것이다." 결국 성도의 삶은 항상 주 안에서 기뻐하는 삶이다.

---

91) WA 10I2,173,14~25.

92) WA 32,267,6~9(1530년 12월 25일 오후 설교).

17

그리스도인의 두 소명

소명 - 직업

'부르심', 즉 '소명'(Berufung/ vocatio)이 '직업'(Beruf)의 어원이라는 사실은 잘 알려져 있다. 세속적인 직업의 가치에 의미와 가치를 부여한 사람은 바로 종교개혁자 루터와 칼빈이다. 루터는 수도사 생활과 독신의 삶을 하나님의 소명으로 여긴 중세교회의 전통에 거슬러 결혼 생활을 소명 받은 삶이라고 주장하였다. 영적인 직무만 하나님의 부르심, 소명이라는 주장을 비판하며 소명을 세속적 직업에도 확장하며 그 직업의 가치를 끌어올린 것이다.

오늘날 한국교회는 루터의 소명사상에 관심을 기울일 필요가 있다. '소명'하면 단순하게 이분법적으로 생각하는 경향이 있다. 그러나 루터는 믿음과 행위, 신앙과 세상 영역의 균형을 추구하는 소명사상을 주장했다. 사실 루터의 소명사상은 루터의 종교개혁의 산물이다. 이것은 그의 종교개혁신학의 원리 그 자체라고 해도 과언이 아니다. 루터의 소명사상은 믿음과 사랑의 바른 관계, 즉 '사랑으로 역사하는 믿음'이라는 그의 주장과 일치한다. 그리스도인은 세상에서 빛과 소금의 역할을 감당해야 하는 존재이기 때문이다.

신학적인 소명 이해

그럼 소명이란 무엇인가? 루터가 출애굽기 설교에서 모세의 예를 들어 말한 소명을 살펴보자.

> "모세의 소명(부르심)은 하나님이 미디안의 광야에서 양을 치고 있을 때 이루어진 것으로, 하나님이 그를 찾아오셔서 민족의 지배자, 공작으로 삼으셨습니다. 이것은 하나님이 나귀를 찾던 사울을 들어 이스라엘의 왕으로 삼으신 것과 일치합니다. 양을 치던 다윗을 찾고 사울을 대신하여 왕으로 기름 붓고 확증하신 것과도 같습니다. 하나님은 큰 직무에 필요한 사람을 찾으십니다. 사람들은 스스로 그것을 좇아 달리거나 뛰어서는 안 되며 많은 책략이나 계획을 세워서도 안 됩니다. 하나님이 그들을 보시고 그들을 선택하여 영적인 소명으로 이끄십니다."[93]

루터는 『소교리문답』(1529년)의 사도신경 세 번째 항목에서 소명(부르심)을 성령의 첫 번째 활동으로 여긴다.

> "성령 하나님이 복음으로 나를 부르시고, 은사들로 나를 깨닫게 하시며, 바른 믿음 안에서 나를 거룩하게 하시고 인도하셨음을 믿습니다. 아울러 성령은 지상의 모든 교회, 곧 그리스도인 전부를 부르시고 모으시며 …."[94]

이 믿음의 조항(사도신경)에서 우리는 부르심을 받은 존재임을 깨닫는다. 우리가 삶 속에서 소명에 따라 행하는 것은 하나님의 위탁이며, 또한 이 소명은 계속적으로 새롭게 위탁될 것이다.

---

93) WA 16,46,21~28(1524년 10월 16일. 출애굽기 설교).

94) 마틴 루터, 『루터와 기도한다』, 권진호 역 (대장간, 2019), 34.

또한 루터는 '복음의 외침'을 하나님께 받은 소명과 동등한 것으로 여긴다. "영광과 덕으로 우리를 부르신…"이라는 베드로후서 1장 3절에 관한 설교에서 루터는 다음과 같이 말한다.

> "하나님의 부르심, 우리의 소명은 어디서 온 것입니까? 하나님께서는 거룩한 복음을 세상에 보내 선포하게 하셨습니다. 그러므로 어떤 사람도 그 이전에는 일하지도, 하나님께 간청하거나 기도하지도 않았습니다. 오히려 누군가 생각하기도 전에 하나님께서 그러한 은혜를 제공하여 선물로 주시되, 한량없이 부어 주신 것입니다."[95]

소명은 '설교'로 이루어진, 온전히 하나님의 은혜이고 사랑이다.

그리스도인의 두 가지 소명

루터는 소명을 믿음과 관련된 소명('내적인 소명')과 세상적인 임무와 관련된 소명('외적인 소명')으로 나눈다. 이런 점에서 루터의 소명 사상은 그의 두 왕국론과 관련이 있고 율법과 복음의 변증법적 관계에 대한 그의 신학과 밀접하다. 특히 두 왕국론에 대한 이해는 루터의 소명 사상을 이해하는 데 매우 중요하다. 하나님은 영적인 영역 및 믿음의 영역뿐만 아니라 세상 왕국의 영역도 다스리신다. 차이가 있다면 단지 역사하시고 다스리시는 통치 방법에 있을 뿐이다.

먼저 믿음의 영역에 속한 내적인 소명에 따르면, 모든 그리스도인은 동등하다. 구원과 관련된 칭의의 측면에서 모든 사람은 같다. 루터

95) WA 14,18,11~15.

는 자주 태양을 예로 드는데[96], 태양은 모든 사람에게 똑같이 비친다. 농민이나 왕, 가시나 장미, 돼지나 사랑스러운 소녀, 그 누구도 가리지 않는다. 그들 모두 똑같이 태양의 빛이나 따뜻함을 받는다. 모든 그리스도인은, 태양처럼 자기 자신을 모든 이들에게 똑같이 내주신 그리스도 앞에서 동등하다. 모든 그리스도인은 성만찬에서도 똑같이 그리스도의 몸과 피를 받고, 같은 복음을 들으며, 같은 믿음과 같은 주 하나님을 소유한다. 그리스도인이 되는 것에서 남자와 여자, 젊은이와 노인, 유식한 자와 무식한 자, 거지와 부자, 종과 주인 사이에 전혀 차이가 없다. 결국 모든 그리스도인은 하나님으로부터 부름을 받은 자로서 모두 동등하다.

둘째, 외적인 소명은 세상의 임무처럼 다양하며 큰 차이가 있다. 하나님은 인간을 여러 신분으로 나누셔서 종과 주인, 백성과 왕, 남자와 여자 등과 같이 다양한 계층과 계급들이 존재한다.[97] 또한 세상에는 명령하는 자와 이 명령에 순종해야 하는 자들이 존재한다. 이들은 분명 서로 차이가 있다. 하지만 세상의 모든 직업은 하나님에 의해 제정되고 규정된 것이므로 모든 직업은 하나님 마음에 든다. 이 때문에 그리스도인은 세상에서 가진 직업(소명)이 하나님이 주신 것임을 깨닫고 차이를 받아들이며 기쁨으로 감수해야 한다. 비록 지위가 낮더라도

96) 구스타프 빙그렌, 『크리스챤의 소명』, 맹용길 역 (컨콜디아사, 1992), 178.

97) 루터는 신분을 '세 종류의 신분', 즉 성직자 신분(ecclesia)과 결혼 신분(oeconomia), 그리고 공직자 신분(politia)으로 구분했다. - 루터의 세 신분/직업에 대해서는 베른하르트 로제, 『마틴 루터의 신학』, 정병식 옮김 (한국신학연구소, 2002), 451~454; Max Josef Suda, Die Ethik Martin Luthers (Göttingen: Vandenhoeck & Ruprecht, 2006), 146~150.

불평하지 말고 지위가 높더라도 자만하지 말아야 한다.

직업을 하나님이 주신 소명으로 생각하고 모든 그리스도인은 자신의 신분과 직업에 맞게 이성적으로 합당하게 행해야 한다고 루터는 강조한다. 외적인 소명, 즉 직업에서 그리스도인의 행동은 세상 사람들의 행동과 구별되지 않을 수 있다. 하지만 하나님이 주신 것으로 깨닫고 성실하게 행하는 소명과 직업은 기독교적이다. 하나님께서 부르셨고 하나님 마음에 든다는 확신으로 이웃을 섬기고자 하기 때문이다.[98] 루터는 성직만이 아니라 다른 직업 모두 '신적인 임무'(officia divina)에 속하며 하나님의 도구라고 생각했다.[99] 왜냐하면 모든 직업은 하나님에게서 왔고 하나님께서 요구하신 임무를 지니고 있기 때문이다.[100] 하나님이 인간을 다양한 신분과 직업으로 부르신 것은 세상을 돌보시고 하나님 자신의 사랑을 펼치시기 위함이다. 따라서 우리 신분과 직업 가운데 행하는 모든 일은 비록 영적인 직업(가령 교회에서 일하는 것)이 아니더라도 영적으로 귀하다.

결국 내적인 소명과 외적인 소명, 모든 그리스도인의 동등함과 차이, 이 모든 것은 하나님에게서 왔다. 구원에서 모든 그리스도인은 동등한 소명을, 그리고 세상의 영역에서는 서로 다른 소명을 받았다. 그리스도인의 세속 직업은 하나님이 주신 것이요, 하나님이 각 개인에게

98) Paul Althaus, Die Ethik Martin Luthers (Gütersloh: Gütersloher Verlagshaus, 1965), 46~47.

99) 참조. WA 27,94,5~6.

100) Jin Ho Kwon, Christus pro nobis. Eine Untersuchung zu Luthers Passions- und Osterpredigten bis zum Jahr 1530 (Münster: LIT, 2008), 271.

부과하신 일을 하는 소명의 자리이다. 그러므로 그리스도인의 직업엔 하나님의 목적과 의도가 담겨 있다. 그리스도인은 자신의 직업이 자신을 위한 것만이 아닌, 하나님의 요구이자 하나님이 부여한 임무임을 깨달아야 한다. 이것이 하나님이 우리를 부르신 이유, 바로 우리의 소명이다.

18

그리스도인의 죽음 이해

루터와 죽음

죽음이란 무엇일까? 요즈음 죽음에 관한 책이 많이 쏟아지는데, 이 책들의 공통적인 내용 중 하나는 삶과 죽음의 밀접성이다. '삶 속의 죽음'이나 '죽음 곁의 삶'이라는 말처럼[101] 죽음은 삶 가운데 있고 삶과 밀접한 관련이 있다.

종교개혁자 루터는 죽음을 어떻게 생각했을까? 딸이 죽은 지(1542년 9월 20일) 삼 일 후 요나스(J. Jonas)에게 보낸 편지는 이렇다.

> "소식이 그대에게 도착했으리라 추측하네. 사랑하는 딸 막달레나는 영원한 그리스도 왕국에서 다시 태어났다네. 나와 내 아내는 딸의 축복된 죽음과 복된 마지막(이를 통해 내 딸은 육과 세상, 그리고 터키인들과 사단의 권력에서 해방되었네)에 기쁜 마음으로 감사하며 슬픔을 억제해야 하지만, 너무나 큰 인간적인 사랑으로 흐느끼며 한숨을 지을 수밖에 없다네. 딸아이의 모습, 그리고 그 아이의 살아생전의 모습과 죽은 모습, 매우 순종적이고 배려 깊은 딸의 말과 표정들이 마음속 깊이 자리 잡고 있어 그리스도의 죽음(인간의 죽음이 그리스도의 죽음과 어떻게 비교되겠는가!)으로도 … 이것을 완전히 내몰 수 없다네. 그러니 자네가 우리를 대신하여 하나님께 감사해 주게!"[102]

101) 참조. 김지수, 『이어령의 마지막 수업』(열림원, 2021).

102) WA Br 10,149~150.

그리스도의 죽음으로도 딸을 잃은 슬픔을 완전히 내몰 수 없다는 말은 루터가 믿음의 한계에 직면할 정도로 딸의 죽음에 대한 슬픔으로 큰 고통을 느꼈음을 보여준다. 그래서인지 죽음이라는 주제는 루터에게 지속적인 관심 주제였다. "죽음[그리고 마지막 심판]에 대한 생각은 루터의 삶뿐만 아니라 그의 신학 전체에 항상 나타난다."[103] 따라서 루터의 죽음 사상은 그의 신학적 사고의 핵심에 속하며 그의 신학 전체에서 중요 주제에 해당한다. 1532년 선제후 요한(Kurfürst Johann der Beständige von Sachsen)의 장례식 설교에 나타난 루터의 죽음 이해를 살펴보자.

진짜 죽음이 아니라 잠이다

루터는 데살로니가전서 4장 13~14절을 근거로 그리스도의 죽음이 인간의 죽음과 달리 우리 죽음을 감당할 수 있는 능력이 있으며 우리의 죽음을 극복하는 우월함이 있다고 설교한다. 그리스도의 죽음과 인간의 죽음의 차이는 이렇다.

> "바울은 '너희는 그리스도가 죽으셨음을 믿는다'라고 말합니다. 그러나 우리에 대해서는 우리는 죽는 것이 아니라 단지 잠든다고 말합니다. 즉 우리의 죽음은 진짜 죽음이 아니라 잠이고 바로 그리스도의 죽음이 참된 죽음입니다."[104]

---

103) B. Lohse, Luthers Theologie in ihrer historischen Entwicklung und in ihrem systematischen Zusammenhang (Göttingen: Vandenhoeck & Ruprecht, 1995), 345.

104) WA 36,240,31~33.

그렇다면 그리스도인의 죽음이 잠으로 불리는 이유는 무엇인가? 그리스도의 죽음에 '탁월한 능력'이 있기 때문이다. 그리스도인의 죽음과 그리스도의 죽음에는 결정적인 차이가 있다. 그리스도는 자신의 죽음으로 모든 그리스도인의 죽음을 덮으신다. 루터는 그리스도의 죽음을 통하여 "우리의 죽음이 목 졸려 죽었다"고 묘사한다.

> "그리스도의 죽음은 매우 강력하고 영광스럽고 다른 모든 죽음을 삼켜버렸습니다. 유일하면서도 가장 슬프고 잔인한 죽임을 당한 그리스도와 그리스도인들을 비교해 볼 때, 그리스도인들은 죽은 것이 아니라 잠자는 것입니다."[105]

또한 루터는 그리스도인의 죽음을 잠으로 여겨야 하는 근거를 부활 관점에서 찾는다.

> "여러분은 죽는 것이 아니라 단지 잠드는 것임을 알고 있습니다. 그리스도가 죽고 부활하셨음을 여러분이 믿는 것처럼, 하나님께서 그리스도 안에서 죽은 자들을 그리스도와 함께 이끄신다는 사실, 즉 죽은 자들이 머무는 곳에 그대로 내버려 두시는 것이 아니라 그들을 그리스도가 계신 곳으로 데리고 가실 것이 확실하기 때문입니다."[106]

---

105) WA 36,242,19~23.

106) WA 36,240,24~28.

신성로마황제 칼 5세가 아우크스부르크 신앙고백서를 받는 장면(1530).
출처: Wikipedia

'남자다운 죽음' vs. '어린이의 죽음'

루터는 장례식 설교에서 선제후가 아우크스부르크 회의에서 제출한 그리스도에 대한 고백의 중요성을 기리며[107] 선제후 요한이 이 고백을 통하여 '많은 불이익과 수치를 당하는' 영적인 죽음을 경험했다고 설교한다. 영적인 죽음과 비교하면 육적인 죽음은 '어린아이의 죽음'이나 '동물의 죽음'으로 비유될 수 있다. 육적인 죽음이란 "이성과 오감이 죽는 것으로, 눈이 더 이상 보지 못하고 귀가 더 이상 듣지 못하고 손이 더 이상 느끼지 못하는 것이다." 즉 몸과 가련한 육체가 외

107) 아우크스부르크 회의에 관해서는 R. 쉬바르츠, 「마틴 루터」, 정병식 역 (한국신학연구소, 2007), 351 이하 참조.

적으로 사멸하는 것이다. 반면 영적인 죽음은 더 가혹한 죽음으로, 그리스도인들이 '날마다 끊임없이 폭군과 분파주의자들에게' 그리고 '우리 자신의 양심과 사탄에게' 겪어야 하는 '남자다운 죽음'이요 참된 죽음이다. 루터는 선제후가 지금보다 아우크스부르크에서 훨씬 더 씁쓸한 죽음을 겪었으며, 현재 그리스도의 죽음에 받아들여져 잠자고 있음에 위로를 받으라고 권면한다. 선제후 요한은 지금, 이 순간 단순하고 외적이고 육적인 죽음을 맞이했을 뿐이라는 것이다.

루터에 따르면 선제후 요한은 영적인 죽음으로 그리스도의 죽음에 받아들여졌기 때문에 죽음 앞에서 겪어야만 하는 영적 시련 앞에서도 은혜롭게 설 수 있었다. 그는 죽는 순간에 사탄이 가져다주는 죄, 마지막 심판, 지옥 등 무거운 생각으로 절망에 빠지지 않았다. 그리스도에게 속해 있고 그리스도의 죽음에 이미 받아들여진 자에게 육체의 죽음은 쉬운 것이다. 유혹 및 절망과의 싸움이 영적인 죽음이며, 이것이 오히려 진짜 죽음이고 고통스러운 죽음이다. 루터는 선제후의 죽음을 비유적으로 설명한다.

> "… 선제후의 시신은 단지 침상 위에 놓여 있고 그에게는 어떤 놀람이나 두려움도 없었습니다. 왜냐하면 그는 세례를 통하여 그리스도의 나라로 부름받았고, 그 후에 그리스도를 공개적으로 고백하였고, 또한 마음과 정성을 다하여 하나님 말씀을 들었기 때문입니다. 이제 그는 단지 오감만 죽은 것입니다. 이것은 가장 보잘것 없는 죽음이요 죽음의 껍데기[절반의 죽음]에 불과합니다."[108]

108) WA 36,247,29~248,14.

죽음은 그리스도의 죽음을 바라보아야 하는 신앙적 사건이다

루터는 그리스도의 죽음이 갖는 의미와 위대함을 통해 죽음의 슬픔을 위로하고자 했다. 위로받는 방법은 "우리가 겪는 죽음에서 우리의 시선을 거두어 영적으로 그리스도의 죽음을 직시하는 것"이다. 루터는 바울에 근거하여 우리의 죽음이 아니라 참 죽음인 그리스도의 죽음을 바라보라고 말한다. 우리의 죽음이 아닌, 그리스도의 죽음을 바라보라는 것은 믿음의 눈으로 죽음을 보라는 의미이다. 관속에 있는 시체, 그리고 더럽고 냄새나는 시체는 우리 인간의 오감에 따른 것이며, 이것에 의지한다면 슬퍼하는 것은 당연하다. 그리스도인은 '눈과 코와 모든 오감을 버리고' 죽음을 다른 눈으로 바라보아야 한다. 죽은 자는 무덤과 관에 있는 것이 아니라 그리스도 안에 있음을 보라는 말이다. 시체가 썩고 더럽고 냄새날지라도 그곳에는 아무것도 없다.

루터는 죽음에 대해 인간의 감정과 오감에 거슬러 오직 하나님의 말씀을 들으라고 말한다. "성서에 따라 죽음을 말하고 생각해야만 한다." 결국 죽음에 대한 태도는 믿음과 밀접한 관련이 있다. 즉 믿음이 어떠한지를 보여준다.

> "바울은 항상 우리의 마음을 눈이 보는 것에서 하나님이 말씀하시는 것, 그리고 그리스도에게로 인도합니다. 우리가 그리스도와 함께 인도될 것임을 절대 의심해서는 안 됩니다."[109]

---

109) WA 36,255,23~26.

죽음을 바라보는 바른 태도나 죽음의 슬픔에 대한 위로는 모두 말씀에 달려 있다. 말씀으로부터 멀어질수록 위로도 멀어진다. 죽음 앞에서 그리스도인이 해야 할 최상의 일은 말씀을 듣는 일이다. 루터는 선제후의 관 앞에서 전하는 설교 첫 부분에서 이 사실을 강조한다.

> "가장 위대한 예배는 설교입니다. 이것은 가장 위대한 예배일뿐만 아니라 모든 일, 특별히 이렇게 매우 슬픈 일들 가운데 우리가 할 수 있는 최상의 일입니다."[110]

그리스도인의 죽음 사상

그리스도인은 죽음을 어떻게 받아들여야 하는가? 루터는 자신의 영주요 종교개혁의 보호자인 선제후 요한의 죽음에 대한 슬픔을 거부하지 않았다. 슬픔은 자연스러운 것이며 루터 역시 그의 죽음 앞에서 눈물을 흘렸다. 슬픔의 정당성은 하나님께서 우리 인간을 그렇게 만드셨다는 사실에 있다. 죽음은 그리스도인에게도 아픔과 상처를 가져다주며, 그리스도인 역시 죽음을 맛보고 느끼며 경험한다. 하지만 여기에 복된 소식이 더해져야 한다. 하나님께서 죽음보다 더 강하시며, 그리스도인은 예수 그리스도의 부활을 통해 희망이 있다는 사실이다. 이것이 그리스도인의 죽음이 세상 사람들의 죽음과 분명히 다른 점이다.

루터는 죽음을 기독교화하였다. 죽음과 믿음은 별개가 아니다. 죽음은 말씀에 따라 전해져야 하고 생각되어야 한다. 사단의 책략인 눈

---

110) WA 36,237,29~32.

과 감정, 그리고 생각에 따라 죽음을 보지 말고 영적인 눈과 믿음과 말씀에 따라 죽음을 바라봐야 한다. 그리스도인의 죽음은 잠이요, 혹독한 시련을 겪어야 하는 영적인 죽음과 비교하면 '반쪽 죽음'이다. 또한 그리스도 안에서의 죽음이요, 하나님의 능력 안에 있는 죽음이다. 따라서 죽음은 그리스도인들에게 두려워하거나 피해야 할 존재가 아니라, 이스라엘 백성이 모세의 지팡이 위의 놋뱀을 바라본 것처럼 믿음으로 바라봐야 할 대상이다.

루터는 죽음을 철학적인 의미로 이해하거나 물리적인 사건으로 보지 않았다. 오히려 죽음을 말씀과 하나님, 그리고 그리스도에 근거하여 바라보아야 하는 믿음의 사건으로 보았다. 죽음의 길은 새 생명에 이르는, 마치 새로운 태어남과 같다. 그리스도인은 죽음을 통해 새로운 삶과 부활, 그리고 천국으로 인도되기 때문이다. 그리스도인에게 있어 참되고 영원한 생명은 예수 그리스도와 믿음으로 연결되어 있고, 죽음 훨씬 이전에 이미 시작되었으며 "죽음 한가운데서도 생명으로 둘러싸여 있다."[111]

111) 참조. WA 40III,496,16~17: "Media morte in vita sumus."

19

국가에 대한 그리스도인의 태도

그리스도인에게 국가나 정치에 대한 태도는 중요한 문제이다. 그리스도인은 종말론적인 하나님 나라의 시민인 동시에 이 세상에서 살아야 하는 세상 시민이기 때문이다. 그리스도인과 세상의 관계, 국가와 교회의 관계는 신학적으로 끊임없이 새롭게 규정되어야 한다.

로마서 13장은 기독교의 역사에서 정치를 위해 자주 인용되었다.[112] 특히 로마서 13장 1~5절은 그리스도인에게 국가에 무조건적으로 복종하고 어떠한 정치적 저항도 금하는 핵심 성서구절로 여겨졌다. 이 구절을 중심으로 국가에 대한 그리스도인의 태도에 관한 루터의 사상을 살펴보자.

---

112) 이 구절은 우리나라의 초기선교 역사에서 교회의 비정치화의 근거로 인용되었다. 당시 선교사들은 자신들의 목적인 복음 전도가 방해받지 않도록 제국 권력과의 갈등을 피하려는 경향이 있었다. 그래서 정교분리의 원칙에 충실했지만, 오히려 정교유착으로 일본의 한국 통치를 환영하는 선교사들도 있었다. 독일에서도 로마서 13장은 히틀러 시기의 정치 신학에서 중요한 역할을 하였다. 나치 정권에 적극적으로 협력한 신학자인 키텔(G. Kittel)은 『그리스도와 통치자』라는 책에서 "역사의 주관자 되시는 하나님께서 우리 민족이 힘든 고난에서 나오도록 지도자와 구원자로 아돌프 히틀러(Adolf Hitler)를 보내신 것을 감사한다"라고 하였다. 이 책은 1939년에 출간되어 나치 정권에 복종할 것을 주장했는데 로마서 13장 1절을 절대복종의 근거로 삼았다.

세속 권력에 대하여 어느 정도 복종

1523년의『세속 권력에 대하여 어느 정도까지 복종해야 하는가?』는 루터의 정치사상을 이해하는 데 중요한 작품이다.[113] 루터는 1부에서 세속 권력과 이것이 필요한 근거를 제시한다. 인간이 낙원에서 추방된 이후 칼은 세상에서 범죄를 심판하는 권력이다. 로마서 13장에 따르면 세상의 칼에는 하나님의 뜻과 규정이 담겨있고, 하나님의 의지는 세상의 칼에 나타난다. 그래서 세상을 하나님의 말씀으로 지배하려 하고 세상 권력의 임무를 인정하고자 하지 않는 종교적 광신자들의 입장과 달리, 루터에게서 칼의 존재는 하나님의 규정으로 합법화된다. 여기서 루터의 두 왕국론(혹은 두 정부론)이 전개된다. 아담 이후 인류는 하나님 왕국에 속한 자들(세례받은 그리스도인)과 세상 왕국에 속한 자들(비그리스도인)로 구분된다. 하나님 왕국에 속한 자에게는 복음이 필요하지 세속 권력, 칼은 필요하지 않다. 하지만 세상 왕국에 속한 자 때문에 세속 권력은 있어야 한다. 참된 그리스도인이 아닌 모든 사람은 세상 왕국에 속하며 세속 권력의 지배 아래에 있다. 세속 권력이 평화를 유지하고 죄를 벌하고 불의한 자들의 행위를 제어하는 데 필요하기 때문에, 그리스도인도 기꺼이 세속 권력에 복종하며 세금도 낸다. 또한 실제로 세상에 의로운 인간은 없으며 모두 악한 죄인이기 때문에 세속 권력은 항상 필요하다. 세속 권력이나 칼이 필요하

113) 루터는 "세상의 검과 복음이 어떻게 조화될 수 있는가"라는 질문을 받고 1522년 10월 24/25일 바이마르(Weimar)에서 여섯 번의 설교를 하였다. 이 설교에 근거하여, 그리고 당시 세속 당국이 루터의 신약성경의 확산을 막고 그리스도인의 신앙문제까지 간섭하는 역사적 상황에서, 그리고 세속적인 칼의 임무를 그리스도인이 행사하는 것에 대한 공작 요한의 문의로 이 작품이 나오게 되었다.

지 않은 그리스도인에게 바울이 로마서 13장 1절에서 권세 있는 자에게 복종하라고 한 이유를 루터의 말로 다시 한번 생각해 보자.

> "그리스도인은 … 어떤 법이나 칼을 필요로 하지 않는다. 이것은 그리스도인에게 필요하지도 유용하지도 않다. 그러나 참된 그리스도인은 지상에서 자기 자신이 아니라 이웃을 위해 살고 섬기기 때문에, 자신에게 필요하지 않지만 이웃에게 필요하고 유용한 일을 마음을 다해 행한다. 검이 이 모든 세상에서 평화를 유지하고 죄가 처벌되고 악한 자를 저지하는 데 매우 필요하고 유익하기 때문에, 그리스도인은 자발적으로 세속 정부에 복종하며 세금을 내고 세속 당국을 존경하고 섬기고 봉사한다. 그리고 자신이 할 수 있는 것, 권력이 요구하는 것을 행한다."[114]

루터는 세속 권력의 필요와 근거를 소극적으로 주장하면서도 또한 적극적으로 그리스도인의 세속 권력 및 관직 참여를 촉구한다. 세상에는 권력이 없을 수 없다. 세속 권력이 세상과 이웃에 필요하기에 그리스도인은 세속 권력과 함께 일하며 그 일을 떠맡는다. 자신의 재산이나 명예나 복수심을 위한 이기적인 목적으로 세상 권력에 호소하거나 이를 사용해서는 안 된다. 단지 악을 저지하고 선을 보호하는 목적에 사용할 뿐이다.

2부에서는 세속 권력의 한계를 제시한다. 세속 권력은 '육체와 재산, 그리고 지상에서 외적인 것'에만 국한된다. 왜냐하면 영혼에 관해서는 하나님 자신 외에 누구도 다스릴 수 없기 때문이다. 결국 세속 권력은 '외적인 재화들'에 제한되고, 신앙은 세속 권력의 대상에서 배제된다.

---

114) WA 11,253,21~29.

세속 권력이 교황의 편에 서서 신약성서의 보급을 금지한 상황에 직면하여 루터는 세속 정부의 권력과 이에 대한 복종에 적극적으로 한계를 부여한다. 더구나 세속 지배자가 자신의 권력의 한계를 넘어서면 이에 복종할 의무가 없다고 소극적으로 주장할 뿐만 아니라 오히려 적극적으로 저항할 것을 루터는 요구한다. 결국 세상 당국은 권위와 정당성을 지니는 동시에 한계와 제한성을 갖는다. 루터는 특히 사도행전 5장 29절, 사람보다 하나님께 순종해야 한다는 말씀에 근거하여 세상 당국의 한계를 분명히 정한다. 또한 하나님 왕국에 속한 그리스도인은 하나님 왕국과 세상 왕국의 구분에도 불구하고 세상의 법을 따라 살아야 하지만, 세상 당국이 영혼이나 양심을 다스리고자 한다면 세속 권력에 저항하고, 위기의 순간에는 고난까지 감수해야 한다.

농민전쟁

농민전쟁과 과격한 종교개혁 사상의 전개 가운데 로마서 13장의 해석은 중요한 역할을 하였다. 농민들은 루터의 만인사제주의와 그리스도인의 자유 사상에 근거하여 사회적 평등을 주장하며 개혁을 하려고 봉기를 하였다. 농민전쟁의 지도자인 뮌처는 1524년 7월 13일 알슈테트 성(Allstedt)에서 요한 공작과 그의 아들 요한 프리드리히(Johann/Johann Friedrich) 앞에서 다니엘서 2장을 본문으로 설교하였다. 이것은 제후들에게 뮌처 자신의 급진적이고 혁명적인 종교개혁에 동참을 촉구하는 설교였다.[115] 여기서 뮌처는 루터와 다르게 로마서 13장에 근거

115) 이 설교에 대해서는 우선 김기련, 『종교개혁사』 (한들출판사, 2011), 210~212 참조.

동독에서 나온 뮌처 기념우표.
출처: Wikipedia

하여 저항권을 주장하였다. 뮌처에게 중요한 것은 로마서 13장 1~2절에 따라 백성의 복종의무와 세상 당국에 대한 신적인 합법화가 아니라, 로마서 13장 3~4절에 따라 백성에 대한 세상 당국의 의무가 핵심적이었다. 제후들이 권력으로 경건한 자들을 보호하는 한에서만 그리스도인은 제후들에게 복종할 의무가 있다는 주장은 결국 가난하고 박해받는 민중에게 폭군적인 제후들에 맞설 수 있는 근거와 권리를 마련해 주는 조처였다.

농민봉기 초기에 루터는 『슈바벤 농민들의 12 조항에 대한 평화로운 권고』를 썼다. 그는 우선 제후들의 양심에 호소하면서도 마태복음 26장 52절에 근거, 로마서 13장과 관련지어 농민들의 봉기를 정죄한다. "당국이 악하고 불의하다는 사실이 선동과 봉기의 이유가 되지는 않는다."[116] 악에 대한 처벌은 모든 사람의 권한에 속한 것이 아니라 권력을 가진 세상 통치자의 직무라는 것이다. 루터는 저항의 권리를 명백하게 부정하였다. 오히려 고난과 십자가가 그리스도인들의 권리임을 강조하였다. 루터에 따르면 농민들의 오류는 "모든 사람을 동일하게 만들고 그리스도의 영적 세계를 세상적, 외적 왕국으로 만든 것"이었다.[117]

116) WA 18,303,13~14.

117) WA 18,327,4~6.

루터는 처음에는 칼의 합법적인 사용에 앞서 평화로운 타협과 이성을 요구했지만, 농민 전쟁이 점점 격화되는 상황에서 자신의 견해를 더욱 더 분명하게 해야 할 필요성을 느꼈다. 결국 『강도질과 살인을 일삼는 농민 폭도들에 반대하여』에서 농민들의 세 가지 죄[118]를 지적하며 세속 당국에 칼의 권력을 행사하라고 요구한다. 그는 농민에게 비난을 퍼부으며 기독교인들에게 무조건적으로 적용되는 로마서 13장의 복종의 요구를 주장하였다. 왜냐하면 "세례는 육체와 재산을 자유롭게 하는 것이 아니라 영혼을 자유하게 하는 것이기 때문이다."[119] 따라서 그리스도인이 당국에 복종하는 것은 타당한 일이다. 그는 제후들에게 로마서 13장 4절에 따라 농민봉기를 섬멸할 의무를 철저히 실행하라고 촉구하였다.[120]

국가의 권위에 대한 저항권

루터에게 세상 당국에 대한 저항권은 없는가? 특히 이 질문은 폭군(전제군주)에 직면하면 더욱 절실해진다. 사실 루터는 당국의 압제적 폭력에 대해 무력으로 저항하는 것을 거부하는 입장이다. 우리는 그럴 권리를 갖고 있지 않고 다만 고난을 감내하는 복종이 필요하다는 것이다. 하지만 폭군이 권력을 외적인 평화의 억압뿐만 아니라 복음의 영역에 간섭하는 데 사용하고 복음의 억압을 위해 남용한다면 상

118) 당국에 대해 복종하지 않은 죄, 당국을 전복하려고 시도한 죄, 그리고 이러한 투쟁을 소위 기독교적인 의무로써 은폐하려고 한 죄이다(WA 18,357,21 이하).

119) WA 18,358,4~5.

120) WA 18,360,1 이하. - 이렇게 명백하게 이루어진 요구와 더불어 루터는 또한 권력을 사용하기에 앞서 갈등을 폭력 없이 해결하라는 요청을 하였다(WA 18,359,30 이하).

황은 달라진다. 폭군이 적법한 임무를 제대로 수행하지 않고 복음의 존립을 위태롭게 하면 무력을 통해서라도 복음을 변호해야 한다고 루터는 생각하였다. 실제로 종교개혁의 결정적인 시기에 제후들의 황제에 대한 저항을 변호하기까지 하였다. 그리고 1539년 역사적 상황[121]에서 교황과 세상 당국인 황제의 야합을 간파하고 이에 대한 정치적 저항을 인정하였다. 사실 이 저항은 적그리스도로 간주된 교황을 목표로 한 것이었다. 루터는 이미 종교개혁 초기부터 교황에 대한 적극적인 저항을 호소했는데, 세상의 정치적 폭군보다 영적인 폭군에게 더 적극적으로 저항할 것을 주장하였다. 이렇게 볼 때 루터가 세속 권력에 대한 어떤 저항도 거부하고 무조건 순종을 요구했다고 일반화하는 것은 잘못이다. 루터에게 세상 당국에 대한 저항권은 소극적이지만 존재한다. 물론 세상 당국에 대한 저항은 최후의 가능성이라고 볼 수 있다.

121) 1539년 황제와 주요 가톨릭 제후들과의 동맹은 저항할 수 없을 정도의 막강한 힘을 가져 개신교도들은 어느 시기보다도 위태로웠다.

20

“저는 여기에 서 있습니다!” - 보름스 제국의회 앞에 선 루터

1521년 보름스 제국의회에서의 루터! 그는 교황에게 파문당한 이단자로서 황제 칼 5세와 제국 앞에 섰다. 이 장면은 교회사의 핵심장면인 동시에 역사적 전환점을 이루는 세계사적인 사건이다.

보름스 제국의회에서의 루터

보름스에서의 루터 (1557년 채색목판화). 출처: Wikipedia
- 그림에 있는 글씨: “Intitulentur libri” (책들의 제목이 언급되어야 한다) ; “Hie stehe ich, ich kan nicht anders. Got helffe mir, Amen (여기에 제가 서 있습니다. 저는 달리 할 수 없습니다. 하나님, 저를 도우소서, 아멘!)

황제의 소환서와 여행의 안전을 보장하는 확인서를 받은 루터는 4월 2일 비텐베르크를 떠났다. 루터의 여행은 개선행렬과 같았다. 그는 도중에 여러 도시에서 설교를 하였다.[122] 4월 16일 오전 제국의 전령 스투룸 및 호위병들과 함께 보름스에 도착했다.

4월 17일 오후, 황제의 숙소인 주교 궁정에서 루터는 황제, 선제후들과 제후, 그리고 많은 제국의회 회원들 앞에 섰다. 공식 대변인 에켄(Johannes von der Ecken)이 황제의 위탁을 받아 루터에게 라틴어와 독일어로 두 가지 질문을 하였다. 루터의 이름으로 나온 책들을 자신의 것으로 인정하는지, 그리고 이 책들의 내용을 철회할 것인지 물었다. 장의자에 22개의 작품이 진열되었는데, 비텐베르크의 법률가 슈르프(Hieronymus Schurf)의 요구에 따라 책 제목이 하나하나 언급되었다. 이에 루터는 모두 자신의 책이라고 인정하였다. 그런데 두 번째 질문에 대해서는, 이것이 믿음과 영혼의 구원과 관련된 것이고 하늘과 땅 위에서 가장 위대한 하나님의 말씀에 관한 것이기 때문에 생각할 시간을 달라고 요청하여 하루의 시간이 허락되었다.

4월 18일 두 번째 심문이 이어졌다. 대변인 에켄은 루터에게 전날의 질문을 반복하며 책들을 모두 철회할 것인지 물었다. 루터는 자신의 작품들이 상이한 성격임을 밝힌 후 책들을 세 부류로 나누어 대답했다. 첫 번째 종류는 기독교의 신앙과 생활에 관한 교화적인 책들로 단순하고 복음적인 작품들이라고 말했다. 그래서 심지어 자신의 적들

122) 루터는 에어푸르트, 바이마르, 고타, 아이제나흐에서 설교했다. 이 가운데 특히 4월 7일 오전 에어푸르트의 어거스틴 수도원 교회에서 전한 설교가 유명하다(WA 8,808~813). 참조. 권진호, "매일의 설교자 마틴 루터", 「신학사상」 145 (2009), 223~244 (231).

까지, 아니 교황의 교서까지도 이 책들을 유익하고 해롭지 않은 것으로 언급하며 그리스도인에게 읽도록 추천할 정도라고 하였다. 따라서 적들조차도 인정하는 이 작품들을 자신이 철회하는 것은 불가능하며, 만일 그렇게 한다면 진리를 반대하는 것이라고 말하였다.

두 번째 부류는 교황에 반대하는 작품들로, 루터는 이것 역시 철회할 수 없다고 하였다. 이미 증명된 바와 같이 "교황의 법들과 인간의 가르침은 신앙인들의 양심을 비참하게 사슬로 묶고 학대했으며 죽도록 괴롭혔고, 무엇보다 독일 민족의 모든 재산이 파렴치한 폭군에게 넘겨졌고 또 여전히 넘겨지고 있어" 이러한 교황을 반대하는 작품들을 철회하는 것은 폭군과 그의 타락을, 그리고 불쌍한 민중을 압박하는 것을 후원하고 조장하는 일밖에 되지 않는다고 주장했다. 루터는 교황을 폭군에 빗대어 비판하였을 뿐만 아니라 제국의회의 현안이자 민감한 문제인 '독일민족의 불만'을 은근히 드러내며 기술적으로 청중들에게 호소한 것이었다.

세 번째 종류는 로마의 폭정을 옹호하거나 루터가 가르친 경건을 비판한 자들을 개인적으로 비판한 작품들이다. 루터는 교수와 수도사로서 매우 신랄하고 날카롭게 책을 썼음을 인정했다. 하지만 철회의 문제는 그리스도의 가르침에 대한 것이기 때문에 이 작품들도 철회할 수 없음을 밝혔다. 루터는 황제와 참석한 모든 사람에게 소위 자신의 오류에 대해 성서의 증언으로 설득해달라고 부탁하였다. 그래서 자신이 설득되고 깨우쳐진다면 모든 잘못을 철회할 준비가 되어 있다고 선언하였다

루터의 마지막 대답이 있고 난 뒤 임시회의가 열렸고, 황제의 명령

으로 에켄은 마지막으로 루터를 비판하는 긴 연설을 하였다. 질문에 답하지 않고 오히려 성서로부터의 가르침과 입증을 요구하는 오류를 범하며 교회의 전통에 반대되는 임의의 성서해석을 한 루터는 단지 옛 이단의 관습을 따르고 있다고 그는 주장했다.

루터의 보름스 구호

에켄의 요구에 루터는 세계사적인 의미를 지닌 유명한 대답을 하였다.

> "제가 성서의 증언으로 또는 이해할 만한 이성적인 근거로 반박되지 않는 한, (저는 교황이나 공의회만 신뢰할 수는 않는데, 왜냐하면 이들은 자주 오류를 범했고 또한 스스로 모순된 것이 있음이 확실하기 때문입니다) 저는 인용된 성서 구절들에 사로잡혀 있고 저의 양심은 하나님의 말씀에 매여 있을 것입니다. 그래서 저는 어떤 것도 철회할 수 없고 철회하기를 원하지도 않습니다. 양심에 반대되는 어떤 것을 행하는 것은 위험하고 파멸의 근원이기 때문입니다. 하나님, 저를 도우소서, 아멘."[123]

루터의 종교개혁 신학이 담긴 이 문장에는 우리의 관심을 끄는 '성서'와 '이성'과 '양심'이라는 세 가지 중요한 개념이 나온다. 성서는 두 번(하나님의 말씀을 포함하면 세 번), 이성은 한 번, 양심은 두 번 언급되는데, 이 개념들은 보름스 제국의회에서 루터가 전하고자 한 슬로건이자 종교개혁의 방향설정을 위한 고백과 구호였다.

종교개혁자 루터에게 절대적인 권위와 유일하게 구속력 있는 규범은 하나님의 말씀이었다. 자신의 모든 가르침이 판된되어야 하는 기

123) WA 7,838,4~9.

준 역시 성서였다. 성서야말로 절대적으로 존중되는 판단의 기준이기에, 이것에 역행하는 것은 루터에게 불가능했다.

성서 외에 또한 '이성적인 근거'(ratio evidens)가 언급된다. 만일 누군가 루터에게 철회를 요구하고자 한다면 먼저 명백한 성서의 증언들과 분명한 이성의 논증으로 반박해야 했다. 루터가 강조한 이성은 무엇인가? 어떤 이들은 루터가 이성을 증거로 삼는다는 사실에 근거해 그의 근대적이고 원칙적인 목소리를 발견하기 원한다. 하지만 루터와 종교개혁은 "담대하게 이성을 사용하라"(sapere aude!)는 칸트와 계몽주의의 모토로 시작한 것이 아니라, 우선적으로 성서와 양심에 대한 호소로 시작한다. 그럼에도 루터가 분명하고 명백한 이성의 근거를 요구하고 있고 이성의 근거들을 심각하게 받아들일 준비가 되어 있음은 간과할 수 없다. 루터가 언급한 '이성'은 '인간의 의지로 결정된' 이성이 아니라 '하나님의 말씀에 대한 순종 가운데 참으로 자유하게 된' 이성을 뜻한다. 루터는 '이성의 논증'에 명백하게 모순되는 것은 하나님의 말씀에도 위배된다고 확신했다.

루터는 오직 하나님 말씀에만 의무가 있다고 생각하였다. 그는 황제와 제국의회 회원들 앞에서 양심을 증거로 내세워 철회의 요구를 거부함으로 분명하고 단호하게 모든 교회의 권위로부터 자유하게 되었다. 양심을 자유하게 하는 하나님의 말씀에 대한 깨달음에 뿌리를 내리고 있으면서도 또한 말씀에 매여 있다는, 겉으로 보기에는 역설적인 양심의 관련성이 루터에게 철회의 요구에 공개적으로 담대하게 저항할 수 있게 한 것이다.

루터는 4월 25일 처벌에 대한 공식적인 결정을 통보받았고, 4월 26

일 보름스를 떠났다. 파문당한 이단 루터에 대한 조치를 명령하는 보름스 칙령이 (5월 8일 황제의 명령으로) 5월 26일 선포되었다.

보름스 제국의회에서의 루터! 황제와 제국 앞에 선 루터의 모습은 보는 이로 하여금 손에 땀을 쥐게 한다. 하지만 보름스에서의 루터를 한낱 영화에 나오는 영웅처럼 생각한다면 사건의 핵심과 중요성을 간과하는 것이다. 청중과 동시대인들을 감동하게 한 것은 그가 죽음을 두려워하지 않고 자기 일을 확고하게 붙든 용기나 세상의 누구와도 타협하지 않는 강직함이 아니다. 오히려 보름스 제국의회 앞에서 행한 고백의 내용이 핵심이다. 제국의회 앞에 권위에 도전하는 이단자로 선 루터는 양심의 고백을 떠받치기 위해 하나님의 말씀에 자신을 온전히 맡겼다.

보름스 제국의회에서 고백한 루터의 구호, '성서, 이성, 양심!' 루터는 자신의 주장과 가르침에 대한 철회를 거부하고, 교황과 공의회 대신에 성서와 이성을 교회의 권위로 삼고 이에 근거한 하나님 말씀에 사로잡힌 양심에 따라 고백하였다. 보름스 제국의회에서 외친 루터의 말은 인류사 및 정신사에서 시대의 전환점이 되었다. 루터의 대답에는 그의 성숙한 종교개혁 신학, 즉 기독교의 신앙과 사상, 행동의 본질적 토대인 무조건적인 하나님 말씀이 명백하게 담겨 있다. 그는 '명백한 이성적 근거'에도 귀를 기울였고 무엇보다도 양심을 증거로 내세웠다. 양심을 증거로 내세운 것은 주관적인 견해가 허용될 수 있다는 임의성을 끌어들인 것이라기보다는, 하나님 말씀에 근거하고 하나님 말씀에 매여 존재하는 자유를 표명한 것이다. 결국 자신의 작품을 철회하는 것을 거부하고 하나님 말씀에 붙잡힌 양심을 근거로 내세운 구호를 통해, 힘없는 한 개인에 불과한 루터는 그 시대의 닳고 닳은 정치적인 권력과 교회의 힘과 전통에 맞서 싸운 승자로 살아남을 수 있었다. 그리고 루터가 외친 세 가지 개념은 21세기 한국교회를 개혁하는데 필요한 지침이요, 또한 그 개혁의 신학적 원칙이 될 수 있을 것이다.

V

신앙과 절기

AETHERNA IPSE SVAE MENTIS SIMVLACHRA LVTHERVS
EXPRIMIT AT VVLTVS CERA LVCAE OCCIDVOS
M·D·X·X·

21

그리스도의 고난 이해

예수 그리스도의 고난

예수 그리스도의 고난은 기독교 믿음의 중심 주제다. 특별히 수난절기와 고난주간에 그리스도의 고난을 바르게 이해하는 것은 그리스도인에게 유익하고도 필수적인 내용이다. 그리스도의 고난은 평범한 연민도, 고난받는 자들과의 감정적인 유대나 이들을 기꺼이 돕고자 하는 자비의 마음도 아니다. 오히려 우리를 위해 몸소 고난받으신 사랑이며 우리에 대한 신적인 연민의 표시다. 그리스도의 고난에 관련하여 루터가 자주 언급한 것은 '버림받으신 그리스도', 특히 하나님께 버림받은 그리스도다. 특히 시편 22편 1~2절과 연관지어 이해하고자 했다.

그리스도는 실제로 십자가에서 고난받으셨다. 그 고난은 단지 육체적인 것만이 아니라 영혼에도 해당하였다. 그리스도가 느낀 고난의 절정은 하나님께 버림받았다고 느낀 것이었다. 예수가 하나님께 버림받은 것이 아니라 단지 하나님의 도움이 없었다는 전통적인 해석을 루터는 반박했다. 그는 1절의 "내 도움이 멀리 떨어져 있나이다"를 그리스도에게 적용하는 것을 주저했던 교부(敎父)들을 여러 번 비판했다. 이 말씀을 그리스도의 백성뿐만 아니라 그리스도 자신의 외침으로 본 것이다. 그리스도의 고난은 분명 육체적이었다. 하지만 그의 고난의 본질적인 깊이는 마음의 충격, 즉 자신이 하나님께 버림받았다고 느끼는 끔찍한 공포에서 시작한다.

그리스도의 고난에 대한 루터의 이해는 이전의 전통적 견해와 비교해 볼 때 새롭고 혁신적이다.[124] 인간이 겪는 영적 시련에 주목했던 신학자들, 가령 제르송(J. Gerson, 1363~1429)이나 타울러(J. Tauler, 약 1300~1361)조차도 이러한 영적 시련을 그리스도가 갖고 있다고 감히 생각하지 않았다. 교부들과 많은 중세 신학자들은 그리스도의 고난을 단지 육체적인 것으로 보았고 그의 영혼은 지복직관(至福直觀, visio beatifica), 즉 끊임없이 하나님을 직접 바라보는 가운데 머물렀다고 여겼다. 이와 달리 루터는 그리스도가 십자가에서 버림받고 저주받는 감정을 경험했다고 이해한다. 예수 그리스도는 인간으로서 영적인 투쟁에서 완전히 하나님의 진노 가운데 있다고 느낀 것이었다.

그리스도의 고난을 뒤따름

그리스도의 고난에는 '성례'와 '모범'의 의미가 있다.[125] 그것은 2000년 전에 일어난 역사적 사건에 머물지 않는다. '우리를 위한'(pro nobis) 사건으로 믿으면 그것은 구원의 사건이 되어 우리의 죄를 사하며 많은 유익과 열매를 가져다준다. 그래서 루터는 그리스도의 수난에 대한 역사(이야기)뿐만 아니라 그리스도가 우리에게 주신 열매와 유익을 설교하는 것을 바른 설교로 여긴다. 그리스도의 고난은 믿는 자에게

124) 참조. M. Lienhard, Martin Luthers christologisches Zeugnis (Berlin: Evangelische Verlagsanstalt, 1980), 90.

125) 이에 대해서는 권진호, "루터의 고난주간과 부활주간 설교의 핵심주제 - 우리를 위한 그리스도", 「신학사상」 148 (2010), 222~228 참조.

선물로 주어진다. 다시 말해 믿는 자의 고난으로 간주된다. 여기서 그리스도인들이 해야 할 일은 그리스도의 십자가를 믿는 것이다. 오직 믿음으로 그리스도의 고난은 그리스도인의 고난이 되고 구원의 의미를 지닌다.

그리스도인에게 선물로 주어진 그리스도의 고난과 십자가가 주는 유익 가운데 하나는, 그리스도와 그리스도인의 하나 됨이다. 이런 신비를 루터는 '즐거운 교환'으로 설명한다.[126]

> "그리스도는 내 안에 … 나는 그분 안에 있고 그분과 하나입니다. … 나는 당신이고 당신은 저입니다."

즉 우리의 죄는 그리스도의 십자가에 못 박히고, 십자가의 공로로 얻은 것, 즉 은혜, 자비, 구속과 생명은 우리 그리스도인의 것이 된다. 왜냐하면 신랑이신 그리스도와 신부인 그리스도인은 서로 하나이기 때문이다. 이 하나 됨은 결혼반지인 믿음을 통해 이루어진다. 이것이 '성례'로서의 그리스도의 고난이다.

그리스도의 고난을 '나를 위한 것'으로 믿는 것이 중요하지만 여기서 멈춰서는 안되는 이유가 있다. 그리스도의 고난은 믿음의 대상인 동시에 그리스도인이 뒤따라 할 '모범'이기도 하기 때문이다. 그리스도의 고난은 그리스도인의 모범으로, 그리스도인의 삶에 결정적인 의미를 지닌다.[127]

---

126) 참조. 마틴 루터, "그리스도인의 자유에 관한 논고", 『루터를 안다』, 권진호 역 (대장간, 2019), 92-95.

127) 여기서 세 가지 관점에 주목해야 한다. 첫째, 그리스도인들이 그리스도와 닮게 되는

루터는 1530년 고난주간 토요일 코부르크(Coburg)에서 설교한 "고난과 십자가에 관한 설교"[128]에서 우리의 모범인 그리스도의 수난에 대해 자세하고도 인상 깊게 언급한다.[129] 그리스도의 고난을 우리가 뒤따라 고난받아야 할 모델로 묘사하며, 목회적 차원에서 그리스도인이 받는 고난의 의미와 근거에 대해 자세하게 설교한다.

"우리는 그리스도를 뒤따라 고난받아야 하는데, 그리스도와 같이 되기 위해서입니다. 우리가 십자가에서 돌아가신 그리스도를 믿을 뿐만 아니라 그와

'그리스도를 뒤따름'은 결코 공로의 의미가 없다. 둘째, 루터는 '모범' 사상의 오류와 분명하게 거리를 둔다. 모세와 그리스도를 혼동하고 이러한 혼동으로 모범 사상을 잘못 규정하는 점에서 열광주의자, 교황주의자, 재세례파는 일치한다. 이들은 칭의론의 구원론적 의미를 퇴색시켰는데, 십자가에 달린 그리스도에 대한 도덕화가 신약의 그리스도 선포의 관심사 및 그리스도의 선포에 답하는 믿음과 일치한다고 오해했다. 그리스도의 고난을 뒤따름으로 모방해야 한다는 재세례파의 이해는 '성례'에 응답하는 믿음의 근본적인 역할을 오인한 것이다. 루터의 출발점은 고난받으시는 그리스도는 '성례'나 '선물'이고, 그 다음으로 '모범'이라는 사실이다. 루터는 모범으로서의 그리스도를 강조하되, 우리가 그리스도의 모범을 닮아야 하지만 그의 모범을 통해 그리스도인이 되는 것은 아니다. 그리스도의 예를 본받고 흉내 낸다고 해도 하나님 앞에서 의롭게 되지 못한다. 결론적으로 말해 그리스도는 단순한 본보기 이상의 존재다. 셋째, 우리가 그리스도를 단지 모범으로 받아들이려고 한다면, 우리는 생애 내내 그리스도에게 결코 이르지 못한다. 하지만 그리스도를 선물로 받아들이고 믿자마자 우리는 믿는 가운데 그리스도 전체를 얻는다. 이것이 모범으로서의 그리스도의 고난에 지나친 강조를 두지 말아야 할 이유다. 우리는 그리스도의 모범의 백 분의 일이나 천분의 일에도 도달할 수 없다. 그리스도의 모범은 철이고, 그리스도의 선물(성례)은 금에 비유된다. 루터는 그리스도만이 우리를 구원하게 하는 선물(성례)인 반면, 다른 수많은 성인은 단지 모범일 뿐, 선물이 될 수 없음을 강조한다. 참조. J. Wolff, Metapher und Kreuz. Studien zu Luthers Christusbild (Tübingen: Mohr Siebeck, 2005), 376~378.

128) WA, 32,28~39.

129) 이 설교에 대해서는 "십자가와 고난에 관하여", 『루터선집. 제10권』 (컨콜디아사, 1987), 212~225 참조.

함께 십자가에 못 박히고 고난을 받도록 하나님께서 정하셨기 때문입니다."

그리스도인의 고난은 엄격한 율법의 요구가 아니라 '기꺼이 그리고 기쁨으로' 이루어지는 것이다. 또한 "그리스도의 모든 것은 고난과 함께 우리에게 주어져 우리 자신의 것이 된다"는 확신으로 이루어진다. 그리스도인은 고난을 두려워할 필요가 없다. 고난은 그리스도인에게 선을 이루게 하고, 그리스도 역시 그의 말씀을 위해 우리가 고난을 견디도록 도와주시고 또한 이 고난을 유익한 것으로 주시기 때문이다. 하나님께서 우리에게 그리스도의 고난을 뒤따르도록 하시는 특별한 이유에 대해 루터는 이렇게 말한다.

"(하나님 자신을 고려해 말하면) 하나님이 이를 통해 마귀에 대항하여 자신의 명예, 능력, 힘을 입증하시기 위함이고, (우리 자신을 고려하면) 우리는 곤경과 고난을 겪지 않으면 방심하여 가지고 있는 보물을 소홀히 할 여지가 있기에 이를 방지하기 위함이다."

설교 끝부분에서 루터는 우리의 모델인 그리스도의 행적과 고난에 대해 이렇게 아름답게 묘사한다.

"마지막으로 그리스도인의 고난은 다른 모든 인간의 고난보다 귀하고 값집니다. 왜냐하면 그리스도가 친히 고난을 겪으셨고 모든 그리스도인의 고난을 거룩하게 하셨기 때문입니다. … 그러므로 우리는 모든 고난을 거룩한 것으로 받아들여야 합니다. 그것은 참으로 거룩하기 때문입니다."

루터는 그리스도인들을 위한 그리스도의 모범에 관심을 가졌다. 모범으로서의 그리스도의 고난은 그리스도인들에게 없어서는 안 될 요소이기 때문이다. 특히 루터는 그리스도의 고난에 대한 복음서 말씀을 설교할 때마다 그리스도를 모범으로 제시하는 일을 게을리하지 않았다. 즉 믿음의 능력과 열매, 즉 그리스도인의 선한 삶을 강조한 것이다.

22

이미 절반 이상 이루어진 우리의 부활

교회절기(교회력)는 특정한 날에 하나님께서 행하신 일과 성령의 역사하심을 기념하는 기간이다.[130] 교회는 절기를 통해 하나님의 역사하심을 기억하고 오실 그리스도를 기대한다. 또한 이를 통해 예수 그리스도를 숙고하며 예수 그리스도를 만나는 방법에 주목한다.

오늘날 우리는 강림절부터 삼위일체주일까지 여러 절기를 지키지만, 초대교회는 처음 300년간 단 하나의 절기만을 지켜왔다. 그것은 바로 그리스도의 수난과 죽음을 기억하는 '그리스도 축제일'이다. 이 축제일의 정점은 바로 예수 그리스도의 부활이었다. 부활주일이 다가온다. 이 절기를 맞이하며 그리스도의 십자가와 부활의 의미를 루터의 깨달음을 중심으로 살펴보자.

그리스도의 십자가와 부활

루터는 1516년 부활주일에 삼손의 수수께끼(삿 14:14)를 소재로 설교하였다.[131] 삼손은 "먹는 자에게서 먹는 것이 나오고 강한 자에게서 단 것이 나온다"며 먹는 자와 강한 자가 무엇을 의미하는지 수수께끼를 냈다. 익히 아는 것처럼 먹는 자와 강한 자는 사자를 가리킨다. 사

130) Gerhard Sauter, Schrittfolgen der Hoffnung (Gütersloh, 2015), 13.

131) WA 1,58~60.

자는 삼손의 생명을 위협하고 잡아먹으려 했다. 하지만 삼손에게 죽었고 그 사체는 벌집이 되어 꿀을 내었다. 루터는 이 비유를 은유적으로 해석하여 먹는 자, 강한 자를 사탄으로 보았다.

루터는 사자와 꿀의 수수께끼에서 예수님의 십자가 고난과 부활을 발견한다. 십자가에서 죽으신 예수님의 모습을 사자에게 몰린 삼손에 빗대어 설명한다. 강한 사자가 어린 양을 갈기갈기 찢어 삼키듯이 사탄은 예수님을 그렇게 십자가에서 비참하게 죽였다. 그런데 그것이 끝이었나? 예수님은 연약한 인간의 모습으로 오셨지만, 사실 죄가 전혀 없으신 전능하신 하나님이셨다. 사탄에 굴복하실 수가 없었다. 예수님은 하나님의 능력으로 사탄과 죽음의 권세를 이기고 부활하셨다. 부활절 새벽, 부활하신 예수님의 모습을 생각해 보라. 예수님은 승리자의 모습이셨다. 예수님 발아래에 사탄은 갈기갈기 찢겨 죽어갔다. 사탄이 사자처럼 예수님을 삼켜버렸지만, 예수님은 사탄을 이기시고 살아나신 것이다.

예수님의 부활은 참으로 우리에게 소망과 기쁨이 되며 죄 사함을 선사하는 꿀과 같은 사건이다. 하지만 예수님의 부활이 있으려면 먼저 예수님의 고난이 있어야 했다. 예수님의 십자가 고난, 십자가의 죽으심이 없었다면 영광스러운 예수님의 부활은 없었을 것이기 때문이다. 고난이 없으면 영광도 없다.

십자가 신학

십자가 신학자인 루터는 "십자가만이 우리 신학이다"(CRUX sola est nostra Theologia)는 유명한 말을 남겼다. 그는 1518년 하이델베르크(Heidelberg)에서 열린 어거스틴 수도회 총회에서 자신의 신학 노선을 변호할 기회를 얻었다("하이델베르크 토론"). 그 자리에서 그는 당시 중세 로마 가톨릭 신학을 '영광의 신학'(theologia gloriae)이라고 불렀다. '영광의 신학'은 인간이 공로로써 구원받을 수 있다고 여기며 인간이 스스로 영광을 소유하는 것이 특징이다. 반대로 참된 신학, '십자가 신학'(theologia crucis)은 "인간은 그리스도의 은혜를 받기 위해 자기 자신에 대해 전적으로 절망해야 한다"(제18 논제)는 주장을 전제로 한다. 루터는 하나님이 그리스도의 십자가 안에서, 십자가를 통하여 자신을 드러내신다는 가르침이 '십자가 신학'의 본질이라고 하였다. 즉 고난과 십자가 속에 숨어계신 하나님을 바라보고 믿는 것, 이것이 기독교 신앙의 핵심이다.

예수님이 십자가에 달려 돌아가신 성금요일, 예수님의 모습은 어떠했나?[132] 절망, 무기력 그 자체였다. 하나님의 도움은 어디에도 없었고 "나의 하나님, 나의 하나님, 어찌하여 나를 버리셨나이까?"라는 절규에도 하나님은 침묵하셨다. 예수님은 결국 무기력하고 굴욕적으로 죽으셨다. 우리가 이 상황에서 무엇을 느끼는가? 하나님은 예수님 곁에 계시지 않았다는 깨달음이다. 하나님의 침묵 앞에 인간은 예수님의 십자가에 하나님이 함께하지 않으셨다고 결론 내린다. 하지만 인간 경험의 판단을 뒤엎는 사건이 발생한다. 인간의 경험이 틀렸다고 판단 내리는 사건, 바로 예수님의 부활이다. 예수님의 부활을 통해 우리는 하나님께서 갈보리산 십자가 현장에 함께 계셨고, 역사하셨고, 또

132) 참조. A. E. 맥그래스, 『위대한 기독교 사상가 10인』, 신재구 역 (IVP, 1995), 87~89.

십자가 사건으로 인류 구원을 성취하셨음을 알 수 있다. 인간의 경험과 감정은 하나님의 임재를 느끼지 못하지만, 하나님은 실제로 예수님의 십자가에 함께하셨다.

여기서 우리는 경험을 통해 내린 결론은 신뢰할 수 없다는 사실을 깨닫는다. 십자가와 고난 속에 숨어계시는 하나님은 인간의 경험으로는 파악할 수 없다. 오직 믿음으로만 알 수 있고, 믿는 자에게만 알려진다. 우리가 하나님의 약속과 말씀만을 신뢰해야 할 이유가 여기에 있다. 하나님은 세상 끝날까지 항상 우리와 함께하시며 우리 인생의 가장 암울한 순간에도 동행을 약속하셨다. 경험을 통해 하나님을 발견할 수 없을 때라도, 하나님이 침묵하시는 순간이라도 우리는 그 경험으로 판단하기보다는 약속의 말씀을 신뢰해야 한다.

우리는 당황스럽고 두렵고 고통스러운 사건과 소식을 접할 때마다 하나님이 계시지 않다거나 하나님께 버림받았다고 느낀다. 그러한 판단, 우리가 갖는 공포와 두려움은 적절한가? 결코 아니다. 예수님의 십자가에 대한 인간의 경험이나 판단이 틀렸듯이, 우리의 삶과 고난 속에서 우리가 겪는 경험과 판단 역시 믿을 만한 것이 못 된다. 아니, 그것은 틀리다.

'우리를 위한' 그리스도

그리스도와 그의 사역에 관해 루터는 그리스도가 자기 백성에게 구원에 필요한 모든 것을 자신의 삶과 죽음과 부활을 통해 얻게 하셨음을 강조한다. 여기서 중요한 것은 "그리스도는 바로 나와 당신, 우리를 위해 죽으셨다"는 사실이다.

"그리스도는 죄와 죽음과 지옥을 스스로 짊어지고 자신을 낮추셨다. 그러나 어떤 것도 그리스도를 굴복시킬 수가 없었다. 왜냐하면 그리스도가 어떤 것보다 더 강하시기 때문이다. 그는 죽은 자들 가운데서 일어나셨고, 완전히 승리하셨으며, 모든 것을 굴복시키셨다. 그가 이 모든 일을 행하신 이유는 무엇인가? 바로 당신이 사탄을 포함한 모든 대적세력에게서 자유하고 오히려 그것들의 주인이 되기 위함이다. 당신은 당신의 믿음대로 이것을 소유하게 된다."[133]

예수님은 진실로 완전한 구속자로서 자기 백성을 죽음과 마귀와 하나님의 진노에서 구하셔서 그들을 생명으로, 죄의 용서하심으로, 의로 인도하시는 분이다.

루터는 그리스도의 고난과 부활에 관한 설교에서 그리스도의 십자가와 부활이 주는 '유익'을 강조한다. 그리스도의 구원 사역은 그리스도 자신을 위한 것이 아니다. 바로 우리를 위해 행하신, 우리에게 유익을 주기 위한 것이다. 루터에게 복음적 설교의 본질은 바로 '우리를 위한 그리스도(Christus pro nobis)'에 있다. 그리스도의 죽음과 부활은 '우리'를 위한 것이요, '우리'에게 유익을 주기 위함이다. 루터는 우리를 위한 것이 아닌 그리스도의 십자가와 부활은 아무 의미가 없다고 여기며 '그리스도가 부활하셨다'와 '우리를 위해 그리스도가 부활하셨다', '구세주 그리스도'와 '우리의 구세주 그리스도'는 분명하게 구분해야 한다고 강조했다.

133) WA 12,268,28~33.

부활절의 기쁜 소식

예수 그리스도의 부활은 '죽음을 죽이신'(mors mortis) 사건이다. 이것이 우리에게 주는 의미를 다시 한번 되새겨보자.[134] 부활하신 예수 그리스도는 죽음을 이긴 승리자이다. 또한 그분은 예수님을 온전히 믿고 소망하는 자들 역시 죽음을 관통하여 이러한 승리와 구원에 참여하게 하신다(참조. 고전 15:57). 이러한 부활을 통해 죽음은 힘을 잃는다. 다시 말해 죽음은 살아계신 하나님과 우리를 더 이상 갈라놓을 수 없다.

그리스도의 부활과 우리의 부활의 관계는 출생이라는 비유로 쉽게 이해할 수 있다. 출생은 일단 머리부터 나오고 다른 모든 신체가 뒤따라 나온다. 머리가 일단 나오면(물론 이것은 가장 어렵고 고통스럽고 많은 어려움으로 위태로운 단계이지만), 나머지 다른 부분들은 순식간에 빠져나온다. 이와 마찬가지로 그리스도가 부활하셨기 때문에 우리의 부활 역시 절반 이상 이루어졌다. 그리스도와 떨어질 수 없는 그리스도인들은 이미 자신의 머리를 죽음의 세계에서 생명의 세계로 내밀고 있기 때문이다.

그리스도가 '잠자는 자들의 첫 열매'(고전 15:20)라는 것은 그리스도뿐만 아니라 다른 사람도 뒤이어 부활하리라는 의미이다. 이에 근거하여 루터는 땅에 묻혀 있는 그리스도인들을 잠자는 자로 간주한다. 그들은 다시 깨어나 살아날 것이기 때문이다. 우리의 머리가 되시는 그리스도는 부활하여 살아계신다. 그에게 붙어 있는 그리스도인은 그

134) 참조. 지용원 편, 『루터 선집 제3권』 (컨콜디아사, 1984), 343 이하. - 루터는 1532년 8월부터 1533년 4월까지 고전 15장에 관하여 17차례 설교하였다.

의 몸과 지체로서 그를 뒤따를 수밖에 없다. 그리스도인은 이미 죽음의 세계에서 절반 이상 살아있어서 더는 이전의 비참한 상태에 놓여있지 않다.

그리스도가 죽음을 통과하여 하늘에서 죄와 죽음과 마귀와 모든 것을 다스리시기 때문에 그를 믿는 우리는 부활과 생명에 관해 염려할 필요가 없다. 설령 우리가 이 세상을 떠나 땅에 묻혀 썩게 될지라도 말이다. 그것은 죽음이 아니라 잠에 불과하기 때문이다. 이것은 그리스도인이 소유한 값진 보물과도 같다. 우리의 부활은 이미 절반 이상 이루어졌고 종말에 완전히 이루어짐을 믿고 소망하는 것, 이것이 바로 그리스도의 부활이요 부활절의 기쁜 소식이다.

23

성령의 사역

성령강림절은 흔히 '교회의 생일'로 불린다. 성령의 역사로 교회가 시작되었기 때문이다. 교회는 '성령의 피조물'인 것이다. 성령이 교회를 탄생시켰고 지금도 교회와 함께하고 교회를 통해 일하신다는 것은 오늘날 교회가 잊지 말아야 할 진리다.

성부 하나님은 성령 안에서 말씀을 통하여 우리에게 그리스도에 대한 믿음을 부어 주시고, 죄의 용서를 통하여 우리를 새롭게 하신다. 루터는『소교리문답』의 사도신경 세 번째 항목에서 다음과 같이 말한다.

> "나 자신의 이성이나 힘으로는 나의 주 예수 그리스도를 믿을 수 없으며, 그에게 갈 수도 없음을 믿습니다. 그러나 성령께서 복음을 통하여 나를 부르시고, 은사를 통해 깨닫게 하시며, 바른 믿음 안에서 거룩하게 살아가도록 하심을 믿습니다."[135]

루터의 성령강림절 설교에서 관심을 둔 주제는 성령의 사역이다. 루터는 성령강림절에 예수님이 고별설교(요한복음 14~16장)에서 언급한 '보혜사'(위로자)에 관해 자주 설교했다(요 14:16). 그는 성만찬 후의 탁상담화, 겟세마네로 가는 도중에 이루어진 대화인 고별설교를 주님

---

135) WA 30I2,97~98 (번역: 마틴 루터,『루터와 기도한다』, 권진호 역 (대장간, 2019), 34).

이 제자들과 더불어 친밀함을 나눈 '매우 고귀한 대화'로 보았다. 이 고별설교의 목표는 그리스도를 바르게 깨닫도록 하는 데 있다. 그리스도는 우리 마음을 놀라게 하고 슬프게 하는 존재가 아니라 기쁜 마음을 주는 존재다. 제자들에게 성령을 약속하셨고, 그 성령을 보혜사로 부르셨으며, 육체적으로 제자들을 떠났을 때 보혜사를 통해 제자들을 굳건하게 하셨기 때문이다.

믿음을 불러일으키는 성령의 사역

그리스도를 구원자와 주(主)로 믿는 믿음을 갖게 하는 것, 이것이 성령의 중요 사역이다. 그런데 루터가 믿음과 관련해 항상 강조하는 것은, 그리스도에 관한 이야기를 아는 역사적인 지식(이것은 사탄도 안다!)이나 '가르침'(교리)에 대한 단순한 지식에 머무르지 말고 그리스도의 사건이 우리를 위해 일어났음을 믿는 데까지 이르러야 한다는 사실이다. 믿음은 인간의 행동이 아닌, 하나님의 역사이다. 믿음은 하나님께서 그리스도를 통하여 부여하신 것을 받는 것이다. 하나님께서 사랑을 선물로 건네실 때 내미는 빈손과 같다. 따라서 믿음은 인간에게 있어 수동적이다. 성령강림절의 기쁜 소식은 믿음이 하나님의 선물이요, 성령의 선물이라는 사실이다. 거지에게 무엇인가 선물로 주어질 때 그것을 받기 위하여 손을 벌리는 것은 선물을 받는 주체인 거지의 공로가 아니라, 이미 그 자체가 선물을 주는 자의 영향력이 있기 때문이다. 마찬가지로 하나님께서 선물(믿음)을 우리에게 주시고자 하기에, 우리는 주시고자 하는 자의 의지에 감명받아 우리의 손을 벌려 받는 것일 뿐이다.

성령은 그리스도인들에게 말씀(성서)과 그리스도를 확신하게 한다. 제자들은 여전히 거칠고 이기적인 마음을 갖고 있어 예수의 말씀을 이해할 수 없었다. 그런 제자들에게 성령은 말씀을 분명하게 밝혀주어 이해하고 느끼도록 하셨다. 성령은 '참된 서술자'로서, '살아있는 문자'인 그리스도의 말씀을 마음에 쓰고 그들의 혀를 불의 혀로 만드신다. 그는 그리스도와 자신을 증언하는 설교를 우리 마음속에 붓고 우리 마음에 불을 붙이신다.

> "성령은 보물이신 주 그리스도를 내 마음에 가져다주고 내 마음이 그리스도를 느끼고 위로로 가득하도록 도우십니다."

성령은 위로의 직무를 행하되, 무서워하고 시련 당한 자들을 위로하신다. "성령은 너희를 기쁘게 하실 것이다." "그리스도인은 즐거운 사람이어야 하며 또한 즐거운 사람일 수밖에 없는데," 이러한 기쁨과 즐거움을 성령이 마음속에 주신다.

성령의 사역, 사랑과 평안

루터는 요한복음 14장 26절과 전후 구절에서 성령의 임무와 사역을 발견한다. "나를 사랑하면 …"(요 14:23). 그리스도에 대한 사랑은 우리의 본성에서 나오는 것이 아니라 우리가 받은 선물로부터 나온다. 또한 성령은 우리가 하나님으로부터 사랑받고 있음을 깨닫게 하신다. 우리에 대한 하나님의 사랑은 매우 특별한 방식으로 이루어졌기에 이것을 깨닫기 위해서는 성령의 도우심이 필요하다. 우리를 향한 하나님의 사랑이 시작될 때, 이러한 사랑을 우리는 느끼지 못한다. 우리를 창피와 죽음으로 인도하시기 때문이다. "주께서 그 사랑하시는 자를 징계하시고, 그가 받아들이시는 아들마다 채찍질하심이라 하였으니"(히 12:6). 이처럼 하나님의 사랑은 감추어져 있다.

> "그것은 달콤하지 않고 쓰지만 구원을 가져다줍니다. 만일 당신이 이런 상황과 모든 싸움을 믿음으로 극복한다면, 사랑을 느끼고 '하나님은 나의 아버지이다'라고 고백할 수 있을 것입니다."

성령은 우리 안에 거룩한 거처, 하나님의 집을 지으신다(요 14:23). 그 거처는 아직 완성되지는 않았지만, 준비되어 있다. 날마다 하나님은 거친 널빤지들을 자르고 그것으로 집을 지으신다. 여기에 하나님의 사랑 방식이 존재한다. 우리는 지금, 이미 하나님의 거처라고 불린다. 믿는 자는 성령의 전이기 때문이다.

> "인간이 예배당, 교회, 그리고 여기서 말하는 분의 거처라는 사실은 말로 표현할 수 없이 위대합니다. … 그러므로 그리스도인은 지상에서 가장 고귀한 보물이자 값진 보석입니다."

성령은 그리스도와 그의 말씀에 대한 사랑을 불러일으키고 또한 평안을 선사한다. 이 평안은 우리에게서 약함이나 죽음이나 모든 악을 사라지게 하는 것이 아니라, 우리를 변화시킴으로 이루어지는 성령의 특별한 선물이다.

> "너희가 고난 가운데 서 있다면, 나는 너희가 장미 정원에서 씨를 뿌리고 있다고 생각하도록 할 것이다. 나는 전쟁에서 평안을, 죽음에서 영생을 선사할 것이다."

이러한 평안은 모든 이성을 초월한다. 성령은 모든 시련 한가운데서도 우리 마음에 "너는 친절한 아버지를 가지고 있다"라고 말씀한다.

설교를 통해 일하시는 성령

그렇다면 성령은 무엇을 통해 이러한 자신의 임무를 수행하시는가, 또 어떻게 그리스도를 성도들의 마음에 가져다주고 마음에 불을 붙이시는가? 그것은 바로 설교로 이루어진다.

> "모든 것에 앞서 말씀을 추구해야 한다. 왜냐하면 이 말씀 속에서, 이 말씀을 통하여 성령이 오시기 때문이다." 성령은 그리스도의 말씀을 뒤따른다. "우리의 축복(구원)은 우리가 그리스도의 말씀을 듣는 데 있다."

성령은 그리스도가 말한 모든 것을 기억나게 하시고, 그리스도의 말씀 외의 다른 것은 말씀하지 않으신다. 또한 그리스도의 말씀을 새롭게 전하신다. "내 입에서 나오는 것을 그가 또한 너희에게 말할 것이다." "그리스도는 성령이 그리스도 자신이 말한 것 그 이상을 말하지 않는다고 이해했다."

그리스도의 말씀과 성령의 말씀이 이렇게 일치하고 동일한 것이 분명하지만, 다른 한편으로 그리스도의 증언과 성령의 증언에는 중요한 차이가 있다. "내가 … 이 말을 너희에게 하였거니와"(요 14:25).

> "그[그리스도]는 다음과 같이 말씀하기를 원하신 것입니다. '나는 그것을 말로 한 것보다 더 가져다줄 수 없다. 그러나 여기에 머무르지 않을 것이다. … 너희는 인간의 음성으로 외적인 말씀을 들었으나 단지 이것에 머무르지 않을 것이다. 그[보혜사]는 내가 너희에게 말한 모든 것을 기억나게 하실 것이다.'"

그리스도께서 말씀을 통해 구술로 말한 것을 성령은 실제로 행하여 마음에 쓰신다. 그리스도와 성령, 둘 다 위로자로 불리는데, 성령은 다른 위로자로서 그리스도와 함께, 즉 그리스도 없이 또는 그 주변에서가 아니라 그리스도와 함께하는 위로자이시다. 결론적으로 둘 사이의 차이는 다음과 같다.

> "그리스도는 말씀으로 위로하는 분이고, 성령은 이해를 통해 위로하는 분입니다. 성령은 행동으로 조명하십니다."

24

종교개혁주일 설교: 바리새인과 세리의 의
누가복음 18:9~14

건강을 잃어본 사람이 건강의 소중함을 압니다. 가정에서 어려움을 겪어 본 사람이 가정의 귀중함을 압니다. 우리는 경험이나 깨달음을 통해 가치를 발견하게 됩니다. 복음 역시 깨달음을 통해 재발견될 때, 구원의 기쁨과 평안이 주어집니다.

교회의 역사에서 복음과 그 가치를 재발견한 사건이 있다면 단연 종교개혁일 것입니다. 우리는 종교개혁 주일을 맞이하면서 루터가 발견한 복음을 다시금 되새길 필요가 있습니다. 복음은 우리를 구원하고 참된 그리스도인으로 만드는 하나님의 능력이기 때문입니다. 이 시간, 루터가 재발견한 복음의 내용을 살펴보며 우리 그리스도인들이 어떻게 믿고 살아야 하는지 은혜를 나누고자 합니다.

오늘 본문에 두 사람이 성전에 올라가 기도하기 시작합니다. 그중 한 사람의 기도는 이렇습니다.

> "오, 하나님! 감사합니다. 저는 탐욕을 부리거나 부정하거나 음탕하지 않을 뿐만 아니라 저 세리와 같지 않음을 감사드립니다. 저는 일주일에 두 번이나 금식하고 모든 수입의 십일조를 드렸습니다."

다른 한 사람은 고개를 제대로 들지 못한 채 이렇게 기도합니다.

"오, 하나님! 죄 많은 저에게 자비를 베풀어 주옵소서."

누구의 기도가 하나님 앞에 상달되고, 누가 의롭다 함을 받을까요? 사실 루터가 종교개혁사상을 발견하게 되는 계기도 이 질문과 같습니다. 루터는 종교개혁사상을 발견하기 전에 로마서 1장 17절에 나오는 '하나님의 의'를 의롭고 정의로운 하나님의 속성으로 이해했습니다. 공정하게 판결하는 재판관의 이미지를 떠올렸습니다. 그런 하나님 앞에서 구원받으려면 선한 행위를 하여 의로운 사람이 되어야 했습니다. 루터는 당시 중세교회의 표어 "네 안에 있는 것을 행하라"에 따라 최선을 다해 경건하게 살며 선행을 쌓아갔습니다. 그러나 아무리 노력하여도 구원의 확신을 가질 수 없었습니다. 경건과 선행을 할수록 자신이 너무나 타락하여 죄의 구렁텅이에서 헤어 나올 수 없는 죄의 노예라는 생각이 들었기 때문입니다. 그런 루터에게 의로우신 하나님, 즉 행한 대로 심판하시는 하나님은 두려움과 공포의 대상일 뿐이었습니다. 루터는 공포의 하나님이 아니라 은혜로운 하나님을 믿고 싶었습니다. 그 과정에서 하나의 의문을 품게 됩니다. '자기가 느끼는 두려움과 공포의 하나님을 왜 바울은 복음이라고 부르며 기뻐하고 환호했을까?' 하는 질문입니다.

세리의 행위를 통해 마음을 바라보라

예수님은 좋은 나무가 좋은 열매를 맺고 나쁜 나무가 나쁜 열매를 맺는다고 말씀합니다. 우리가 선한 행위를 하기 위해서는 먼저 마음이 의로운 사람이 되어야 합니다. 그런데 그 마음이 어떠한지는 행위를 통해 알 수 있을 뿐입니다.

세리는 "하나님, 죄인인 저에게 은혜를 베푸소서"라고 고백합니다. 복음 없이는 이런 고백과 기도가 있을 수 없습니다. 이 고백은 이미 세리가 하나님의 복음을 들었고 그것을 믿었음을 보여줍니다. 그는 하나님께서는 겸손하게 자신의 죄를 인정하고 하나님의 은혜를 갈망하는 자에게 은혜롭고 자비로우시다는 사실을 듣고 믿었습니다. 그래서 가슴을 치고 회개합니다. 하나님이 원하시고 기뻐하시는 것은 "감사로 제사를 드리는 자가 나를 영화롭게 하나니 …"(시 50:23)라는 말씀처럼 마음 중심에서 하나님을 찬양하는 제사입니다. 세리는 "너는 죄인이다"는 하나님 말씀에 "네, 저는 죄인입니다"라고 고백하며 은혜롭고 자비로우신 하나님을 찬양하고 감사합니다. 이것이 바로 믿음의 열매입니다. 열매로 나무를 알 수 있듯이 세리의 행동에서 그의 마음과 믿음을 알 수 있습니다.

세리의 믿음은 할 수 있다는 신념이 결코 아닙니다. 하나님의 역사입니다. 루터는 "로마서 서문"에서 믿음을 이렇게 정의합니다.

> "믿음이란 우리 안에서 이루어지는 하나님의 역사다. 믿음은 … 우리를 변화시키고 하나님으로부터 새롭게 태어나게 하며, 옛 아담을 죽이고 우리를 마음과 감정과 생각과 모든 능력에 있어 완전히 다른 사람으로 만들고 성령을 동반한다. 이 믿음이야말로 살아있고 영향력 있으며 역동적이고 강력히 역사하는 것이다. 따라서 믿음이 선행을 중단하는 것은 불가능하다."

맞습니다! 믿음은 성령의 역사이기에 우리로 게으르지 않고 선행을 하게 합니다. 그래서 바울은 하나님의 나라는 말에 있지 않고 행함에 있다고 한 것입니다(고전 4:20). 세리의 회개하는 행위도 믿음에서 비롯됩니다. 세리는 우리에게 구원의 모범을 보여주고 우리를 가르쳐 깨닫게 합니다. 즉 회개의 모습을 통해 우리에게 모두가 죄인이라는 자기인식을 하게 하고 구원자 하나님께 이르는 길을 가르쳐줍니다. 세리는 구원의 길, 의의 길이 우리의 노력으로 얻는 것이 아니라, 자신이 죄인 됨을 인정하고 겸손하게 회개하며 오직 하나님의 은혜를 찬양함으로 얻는 것임을 말해줍니다.

바리새인의 불신앙과 열매

바리새인은 한 주에 두 번 금식하고 십일조를 드리고 정결한 결혼생활을 하고 도둑질하지 않았습니다. 이런 삶이 존경받지 않는다면 놀라운 일입니다. 그런데 하나님의 눈에 바리새인은 의인이기는커녕 하나님을 모독하는 죄인일 뿐입니다. 하나님은 선행과 금식에 관해 말 한마디조차 못하고 자신을 죄인으로 간주한 세리가 자신의 경건함을 자랑한 바리새인보다 더 죄가 있지 않다고 여기십니다. 도대체 바리새인의 무엇이 문제일까요? 그에게는 "하나님, 은혜를 베푸소서"라는 마음이 전혀 없었습니다. 그는 하나님의 은혜와 자비와 사랑을 알지 못했습니다. 아니, 하나님의 은혜와 자비가 필요없다고 여겼습니다.

예수님은 어떤 분입니까? 죄인을 부르러 오신 분입니다. 모든 인간은 예수님과 은혜가 필요한 존재이며, 하나님은 그런 인간에게 온전히 은혜이고 자비이고 사랑입니다. 이것을 알지 못하는 사람은 마음으로 하나님이 없다고 여기는 것과 같습니다(시 14:1). 바로 불신앙의 모습입니다. 바리새인에게 하나님은 이렇게 말씀하십니다.

> "너에게는 내가 필요하지 않구나. 이것은 나의 자비, 사랑, 은혜, 나의 모든 것을 멸시하는 것과 마찬가지다."

간음, 살인, 아니 그보다 더 흉악한 죄라도 불신앙의 죄에 비하면 아무것도 아닙니다. 바리새인의 마음 중심에는 가장 큰 죄, 바로 불신앙이 있었습니다.

바리새인은 죄인임을 인정하지 않음으로 하나님을 모독하고 거짓말쟁이로 만들었습니다. 이런 바리새인의 불신앙이 낳은 열매는 무엇일까요? 이웃을 사랑하지 않음입니다. 그는 자기의 이웃인 세리를 업신여깁니다. 그가 믿음의 사람이었다면 세리와 자신을 동일한 죄인으로 보며 불쌍히 여겨달라고 기도해야 했습니다. 혹여 자신이 세리보다 더 경건하다고 생각했다면, 세리를 짊어지고 하나님 앞에 나아가 그를 위해 기도해야 했습니다. 바울은 갈라디아서 6장 2절에서 "서로 짐을 지라"고 말합니다. 이것이 믿음의 열매입니다. 하지만 바리새인은 성전에 와서 자신이 의롭다고 스스로 자랑하고 찬양합니다. 이것은 악독으로 가득한 그의 마음을 보여주는 것입니다. 게다가 그는 이웃을 미워하는 마음으로 가득합니다. 만일 하나님께서 그에게 심판자의 역할을 맡기셨다면, 그는 자기의 의로움을 드러내기 위해 세리를 죄인으로 규정하고 지옥의 심연에 떨어뜨렸을 것입니다. 그 얼마나 혐오스럽고 악한 모습입니까? 마음의 중심이 불신앙으로 선하지 않기 때문에 결국 행위도 악한 것입니다.

구원받는 의

우리는 어떻게 의롭다 함을 받습니까? 바리새인은 자신의 노력으로, 힘으로, 선행으로, 경건한 행위로 의롭게 되고자 했습니다. 루터가 초기에 가졌던 신학도 이와 마찬가지였습니다. 루터는 당시 교회의 가르침과 율법을 철저하게 지킴으로 구원받고자 하였습니다. 자신의 노력으로 하나님 앞에서 의로워지려고 했습니다. 이런 바리새인의 의는 인간의 의에 불과합니다. 우리 인간의 의는 겉으로 의로워 보일지라도 '더러운 옷'(사 64:6)이며 하루 품삯에 불과한 세상적인 의일 뿐입니다. 모든 인간은 하나님의 은혜와 자비가 있어야 하는 죄인에 불과합니다.

우리는 세리가 의롭다 함을 받고 내려갔다는 예수님 말씀에 주목해야 합니다. 세리는 단지 하나님 앞에 엎드려 탄식으로 자신의 죄를 인정하고 하나님을 부르며 그 은혜를 간구했습니다. 세리의 의는 바로 하나님의 이름을 부른 것에 있습니다. 하나님의 이름은 자비, 진리, 의, 지혜, 능력이십니다. 우리 인간의 이름은 죄, 거짓, 불의, 어리석음, 무능함입니다. 모든 인간은 거짓되기 때문입니다(시 116:11). 하지만 우리 인간이 진실한 마음으로 하나님의 이름을 믿고 이것에 매달리면, 우리의 마음은 하나님의 이름과 하나 되어 우리 마음의 모든 죄가 용서되고 의롭게 됩니다. 이것이 루터가 새롭게 깨달은 복음입니다.

우리가 구원받는 의는 오직 하나님의 은혜 덕분입니다. 하나님 앞에 설 수 있는 구원의 의는 우리가 노력하여 얻는 것이 아니라 오직 하나님의 은혜로 주어집니다. 우리 모두 바리새인의 교만과 불신앙의 자리에서 일어나 구원의 의가 되는 하나님의 은혜를 신뢰한 세리의 자리에 서시기를 간절히 축원합니다. 아멘.

25

대강절, 그리스도의 오심과 기쁨의 기다림

어김없이 한 해의 마지막 시즌이 찾아왔다. 이때에 맞이하는 대강절(강림절)은 그리스도인들에게 여러 의미로 다가온다. 대강절은 회개하는 마음으로 성탄을 준비하는 시간이다. 이 시기에는 성탄절의 위대한 사건, 즉 '하나님의 인간 되심'을 기억하는 것이 중요하다. 하나님의 아들이 이 세상에 오셨으며, 우리와 같은 모습을 취하셨다는 사실은 인간의 이성으로는 이해할 수 없다. 겸손과 인내로 성육신 사건을 기다리며 준비하기에 강림절은 즐거움과 소망의 시간이기도 하다.

그런데 우리는 이 시기를 너무 분주하고 바쁘게 보낸다. 마음을 다해 준비하며 기념해야 할 시점에 그 진정한 의미를 망각한 채 그저 세상에 휩쓸려 보내고 있는 것은 아닌지 생각해봐야 한다. 이번 대강절만큼은 이것에 담긴 의미와 중요성을 깨달아 바른 신앙생활의 계기로 삼아보자.

대강절 교회력 성구와 그 의미

대강절 제1주의 복음서로 알려진 마태복음 21장 1~9절은 예수님의 예루살렘 입성에 관한 말씀이다. 루터는 이 말씀을 대강절 제1주 설교에서 본문으로 18회 이상 사용하였고, 종려주일에도 8회 이상 사용하였다.[136] 루터는 전통에 따라 그리스도의 세 가지 오심, 즉 성탄절에, 각 신앙인의 마음에, 그리고 마지막 심판날에 오심에 대해 설교하였다.

대강절 제2주에는 온 세상에 임할 것들을 기다리는 사람들에게 임박한 구원을 확고하게 붙들라는 예수님의 말씀이 주된 주제다(눅 21:25~33). 주님의 마지막 심판날에 대한 이 말씀은 마지막 날을 기대하는 사람뿐만 아니라 그것을 두려워하는 사람에게도 해당하는 것으로 양쪽 모두에게 그날을 '준비하라!'고 외친다. 우리 그리스도인은 삶의 날짜를 이생의 셈으로만 헤아려서는 안 된다. 이 세상에서의 삶은 손님으로 잠깐 머무는 인생일 뿐이다. 그렇기에 우리는 모든 일에 종말이 있다는 권고에 귀기울여야 한다. 그리고 그 여정 속에 인내를 배워야 한다. 인내 없이는 성장할 수 없고 어떤 희망도 없기 때문이다(약 5:7~8).

마지막 날에 대한 이러한 외침은 믿는 자들에게 위로의 메시지가 된다. 주님의 도착이 임박해 있음을 알리기에 즐거움의 외침이다. 대강절 제3주의 주요 복음서는 세례 요한과 관련된다(마 11:2~10). 세례 요한은 회개의 외침과 더불어 자기보다 능력이 많으신 분을 위한 길을 닦고자 하였다(눅 3:10~18). 그 외에 어둠에 감추인 것들을 드러내는 재판장에 관한 말씀(고전 4:1~5)과 밤에 도적같이 오셔서 심판하고 구원하시는 그리스도에 관한 말씀(계 3:1~6) 등도 여기에 해당한다.

대강절 제4주는 예수님의 탄생 이전 이야기에 집중하여 마리아 수태 고지(눅 1:26~38), 마리아 찬가(눅 1:46~55) 등의 말씀과 관련된다. 또

136) 루터의 대강절 설교와 설교 본문(교회력 성구)에 관해서는 권진호/김정희, 『루터, 겨울에 설교하다. 루터의 대강절과 성탄절 설교』(KMC, 2014) 참조.

한 광야에서 설교를 외친 세례 요한의 증언을 다룬다(요 1:19~28).

대강절 교회력 성구에서 세상의 심판자로 오실 그리스도에 대한 선포와 만물의 임박한 종말이 중요한 주제임은 주목할만하다. 그리스도의 오심은 하나님이 인간이 되신 사건임과 동시에 그리스도의 재림에 대한 소망을 말해주는 사건이다. 따라서 대강절은 이 세상에 그리스도의 오심을 고대하며 즐거움으로 기다리는 절기요, 한편으로는 그리스도가 종말에 심판자로 오심을 준비하는 절기다.

그리스도 오심의 세 가지 성격

루터는 『첫 번째 시편 강의』(1513~1515), 시편 102편 2~3절 강해에서 예수 그리스도의 삼중적인 강림에 관해 설명한다.

> "그리스도는 우리 인간과 세 가지 얼굴로 만나신다. 우선, 그가 하나님의 아들로서 성육신한 첫 번째 오심에서이다. … 두 번째, 그는 영적으로 우리에게 오신다. 이 강림이 없다면 첫 번째 강림은 쓸모가 없다. 우리는 그의 얼굴을 믿음을 통하여 인식해야 한다. … 세 번째, 그의 얼굴이 완전히 보여지는 종말에 이루어지는 재림에서이다."[137]

대강절(Advent)은 도착(adventus)이라는 의미를 포함한다. 우리는 2000년 전 성육신하여 우리에게 오신 하나님을 기억한다. 이것은 기독교가 (인간이 하나님께 다가가고자 하는) 다른 종교와 구별되는 중심 내용이기도 하다. 하나님은 우리에게 오셨고, 우리가 있는 곳에 함께

---

137) WA 4,147,10~21.

하신다. 이사야를 통한 약속(사 35:2~4)이 실재가 된 사건이 바로 예수 그리스도의 오심이며, 우리에게 약속된 구원과 치유가 실현되어 이루어진 도착이 바로 예수님의 탄생이다.

두 번째 도착은 예수님이 매 순간 우리에게 오시는 것이다. 우리의 목자로 오셔서 우리를 초장으로 인도하시고 양팔로 우리를 안아 보호하신다. 그가 오시면, 우리 마음속에 있는 어두움은 그의 빛으로 밝혀지고 우리의 완악함과 무정함도 부드러워진다. 예수님의 오심은 우리의 상처를 치유하고 낙심한 마음을 변화시키고 용기를 갖게 한다.

세 번째 도착은 종말에 예수님의 오심이다. 우리가 종말의 때를 알 수는 없지만 종말은 임박해 있다. 또한 각자에게는 죽음이 종말이기도 하다. 이러한 종말 앞에 우리는 지금 순간의 삶을 살고 있다. 그러나 종말은 공포와 두려움이 아니라 용기와 신뢰를 갖게 하는 구원의 약속이다. "이런 일이 되기를 시작하거든 일어나 머리를 들라, 너희 속량이 가까웠느니라"(눅 21:28).

대강절, 기쁨의 이유

루터는 그리스도의 오심을 즐거움으로 기다릴 수 있는 이유에 관해 자주 설교하였다. 그는 1531년 대강절 제1주에 마태복음 21장 1~9절을 본문으로 한 설교에서 "보라, 네 왕이 네게 오신다"(슥 9:9)라는 구절을 중심으로 '그리스도가 주시는 선물'에 초점을 맞추어 즐거움의 근거를 설명하였다.[138] 우리가 대강절에 기뻐해야 할 이유는 기다림

138) 참조. 마틴 루터, 『보라, 네 왕이 네게 오신다. 루터의 설교를 듣는다』, 권진호 역 (한들출판사, 2021), 19~30; 권진호/김정희, 『루터, 겨울에 설교하다』, 36~38.

의 대상인 그리스도가 우리의 주인 되시는 왕으로 오시기 때문이다. 이전에는 죄와 죽음, 그리고 사탄이 우리의 주인이었지만, 이제는 새로운 왕이 오셔서 그분이 우리의 주인이 되신다. 이 왕은 세상의 왕과 다르다. 그는 유대인들이 꿈꾼 것처럼 세상의 권력을 가지고 화려하고 부유하게 오신 것이 아니다. 우리를 부유하고 화려하게 살게 하려고 오신 것도 아니다. 오히려 가난한 자의 모습으로 오셨다.

새로운 왕은 두 가지 장식품으로 자신을 치장하는데, 바로 '의'와 '구원(생명)'이다. 대강절이 기쁨의 절정이 되는 이유는 왕이 자신의 장식품을 우리에게 선물로 값없이 주신다는 사실에 있다. 우선 왕은 의를 우리에게 선물로 주신다. 왕이 가진 의는 의로운 재판관으로서 죄인들을 심판하는 의가 아니라 그를 믿는 자를 의롭게 만드시는 의이다.[139] 이 의는 죄인을 향한 하나님의 자비와 은혜다. 그리스도는 우리를 심판하러 오신 것이 아니라 우리의 죄를 용서하고 우리를 자신의 의로 옷 입히기 위해 오신다. 여기서 종교적 행위나 삶, 그리고 인간의 공로는 전혀 설 자리가 없다. 우리가 만약 금식과 기도, 수도사 생활을 통해 의롭게 될 수 있다면, 우리의 왕 그리스도가 우리에게 오실 이유가 무엇이며 그분의 의가 무엇 때문에 필요하겠느냐고 루터는 반문한다.

왕이 우리에게 주시는 두 번째 선물인 장식품은 구원(생명)이다. 하나님의 자녀는 죽음에서 자유하며 구원받고 생명을 얻는다. 이러한 선물을 주시는 왕이 오신다니, 어찌 하나님께 감사하지 않고 또한 즐

---

139) 이러한 '의' 이해가 루터의 종교개혁적인 발견의 핵심에 속한다. 이에 관해서는 2장. "루터의 회심, 탑상체험" 참조.

거움과 기쁨으로 기다리지 않겠는가!

> "여러분에게 오시는 왕은 죄 앞에서 위로를 주실 뿐 아니라 여러분에게 영원한 위로와 그리스도의 의를 주십니다. 그 결과 순수하고 확실한 의가 생깁니다. 이 의는 결코 우리 자신을 근거로 하는 것이 아닙니다. 왜냐하면 인간은 불확실하기 때문입니다. 우리의 의는 누구도 파괴하지 못하는 안전한 곳, 바로 그분 안에 있습니다. 우리의 생명(구원)도 마찬가지로 그분 안에 있습니다."

대강절, 어떻게 보낼 것인가

서양에는 '대강절 달력'(Advent Calendar)이 있다. 국내 교회학교 교육에 드문드문 소개되기도 하는데, 대강절 28일간의 달력으로 날짜를 적은 숫자 밑에 초콜릿을 넣을 수 있게 만든 것이다. 어린이들은 해당하는 날에 초콜릿을 꺼내어 먹는다. 성탄절을 기대하며 기다리게 하는 멋있는 전통이다.

대강절은 기다림의 시기이다. 약속된 것을 받으리라는 설렘의 기다림! 하지만 그 기다림은 우리가 주도할 수 있는 것이 아니다. 대강절 예배는 그리스도의 오심을 준비하는 것이다. 모든 그리스도인은 그의 놀라운 오심을 준비하면서 만나야 하겠지만, 그리스도가 들어오시는 문은 오직 그만이 여실 수 있다. 그리스도의 강림은 이런 내적인 긴장 가운데서 기다림으로 기념해야 한다. 이러한 기다림을 그저 지나쳐버리고 너무나 쉽게 성탄절 축제의 기분으로 넘어가면 안 된다. 이것은 소위 성탄절 축제를 즐기는 사람들이 빠지는 유혹이다. 이런 유혹에 빠진다면 기다림의 의미는 희석되고 축소될 수밖에 없다. 십자가 없는 부활이 없고, 고난 없는 영광이 없듯이 간절한 기다림의 시간 없이는 참된 구원의 기쁨을 누릴 수 없다. 한국교회는 가련한 인간의 모습으로 오시는 구원자이자 모든 인간의 심판자이신 그리스도를 진정으로 기다리고 있는지, 혹시 남몰래 물질 성공 명예를 가져다줄 다른 구원자를 기다리고 있지는 않은지 깊이 고민해야 한다.

VI

루터의 종교개혁 작품

26

루터의 개혁프로그램, 『독일 그리스도인 귀족에게 보내는 글』

『독일 그리스도인 귀족에게 기독교 상태의 개선에 관하여 보내는 글』

1519년 이후 루터의 작품들은 교회 생활과 경건에 필요한 새롭고도 실천적인 제안을 한다. 루터가 자신의 신학적인 기초를 하나의 포괄적인 프로그램으로 전환한 것은 『독일 그리스도인 귀족에게 기독교 상태의 개선에 관하여 보내는 글』(An den christlichen Adel deutscher Nation von des christlichen Standes Besserung)[이하 『독일 귀족에게』로 인용]을 통해서다. 루터는 이 작품에서 교회 영역에서 일어난 폐해들을 줄이거나 없애는 데 초점을 둔다.

『독일 귀족에게』. 출처: Wikipedia

이 작품에는 교회 개혁의 구체적 방법인 교회-정치적 개혁프로그램이 소개되어 있다. 이 개혁프로그램으로 짧은 시간 안에 독일 곳곳에서 교회의 개혁과 재편성이 이루어질 수 있었다. 구체적, 실천적 개혁을 제시하는 이 작품은 종교개혁의 상징과도 같다.

저술 배경

이 작품의 개혁요구들은 사실 "독일 민족의 불만들"(Gravamina nationis germanicae)[140]을 수용하여 강화한 것이다. 독일은 15세기 이후부터 로마교회의 경제적 착취에 불만을 품고 있었다. 이 착취의 시정을 요구하는 의견들이 "독일 민족의 불만들"이라는 이름으로 제국의회에 제출되어 1510년과 1518년 아우크스부르크 제국의회에서 논의된 후 문서로 인쇄되었다.[141] 루터도 알고 있던 이 문서에 담긴 내용은 다음과 같다. 교황청이 제국의 교회 고위직을 이전보다 더 많이 차지하고 이 일에 로마교회가 임의로 간섭하고 결정한다는 것, 점점 더 많은 돈이 다양한 이유로 교황청으로 들어가고 교회의 송사가 너무나 빠르게 로마로 이첩되고 거기서 종종 통제할 수 없는 방식으로 재판이 진행된다는 것 등이다. 여기서 독일 민족의 명예가 훼손되고 그들의 이익이 교황청으로부터 보호받지 못한다는 감정이 독일 민족의 불만으로 이어졌다. 루터는 이러한 독일 민족의 불만에 관심을 가지고 민족 감정에 귀 기울였다.

140) 참조. B. C. Schneider, "Gravamina nationis germaincae", RGG 3, 1253. - "독일 민족의 불만들"이라는 명칭은 교황과 교황청으로부터 제국과 독일의 교회들이 겪은 괴로움들을 총괄하여 1456년에 처음으로 불렸다.

141) 독일의 지배계층들은 1521년 보름스 제국의회에서도 황제 칼 5세에게 "교황청이 독일 제국에 대해 요구한 억압적인 세금과 권한의 남용에 관한 102개 조항의 목록"이라는 로마 교황청에 대한 불만 내용을 제출하였다.

작품 내용

교회 개혁을 방해하는 로마교회의 담(장벽)

루터는 첫 부분에서 개혁을 방해하는 로마교회의 세 가지 장애물(담)을 제시한다. 개혁을 방해하는 첫 번째 담은 교황의 정치적 수위권, 즉 영적인 권력이 세속적인 권력보다 우월하다는 가르침이다. 이를 반대하는 루터의 첫 번째 주요논증은 '만인 사제주의'(벧전 2:9; 계 5:10)다. 세상 당국뿐만 아니라 모든 그리스도인은 세례를 받음으로 성직자의 신분이다. 세속적인 신분과 영적인 신분 사이에 차이가 없다. 모든 그리스도인은 평신도와 성직자로 구분되지 않고 단지 '사제'와 '사역자'로 구분된다. 현재의 직무는 위탁에 의한 대리일 뿐이다. 따라서 사제서임은 '소멸할 수 없는 특성'을 잃는다(고전 12:12 이하). 루터의 두 번째 논증은 두 가지 통치의 편입(롬 13:1 이하; 벧전 2:14)이다. 세속 당국은 하나님이 제정하신 것으로 (교회의 영역에서도) 악한 자들을 처벌하고 선한 자들을 보호하는 과제를 부여받았다. 이것은 두 가지 통치(국가와 교회)가 그리스도의 몸에 속해 있음을 근거로 한다(고전 12:12 이하). 결국 모든 그리스도인은 세속 당국에 순종해야 한다.

개혁을 방해하는 두 번째 담은 교황의 교리 수위권, 즉 오직 교황만이 성서를 오류 없이 해석할 수 있다는 가르침이다. 루터는 다시 '만인 사제주의'로 반증을 한다. 모든 그리스도인은 제사장으로서, 믿음의 일과 관련하여 하나님이 주신 이성을 통해 판단할 수 있으며 교황 혼자만이 아니라 모든 그리스도인 역시 사면권을 갖고 있다(눅 22:32). 또한 모든 그리스도인은 성령의 가르침을 받는다. 교황의 교리 수위권을 반대하는 두 번째 주요논증은 성서 자체의 증언이다. 그리스도인은 믿음의 문제들과 관련하여 오류를 범할 수 있고(갈 2:11 이하), 믿음의 문제들에 있어 교정이 필요하다(고전 14:30).

개혁을 방해하는 세 번째 담은 교황의 공의회 수위권, 즉 오직 교황만이 적법한 공의회를 소집할 권한이 있다는 가르침이다. 이를 반대하는 루터의 첫 번째 주요논증은 성서 자체의 증언이다. 교황의 전권(全權)은 그리스도의 전권 앞에서 무효이고(고후 10:8) 그 표시 또한 사탄으로부터 기인하기에 무효이다(마 24:24; 살후 2:9~10). 두 번째 논증은 교회 전통의 증언이다. 사도 공의회는 베드로 혼자만으로 성립되지 않으며 모든 사도와 장로들에 의해서 소집되었다. 니케아 공의회도 로마의 주교가 아니라 콘스탄티누스 황제에 의해 소집되었다.

로마교회의 권력 남용과 구체적인 개혁안

루터는 로마교회의 권위 남용 사례, 특히 교황청의 개혁을 통하여 제거해야 할 세 가지 문제점을 언급한다. 교황의 세속적인 권력과 사치, 추기경과 교황청 직원들에 대한 과다한 인건비 지출이다. 그리고 부록으로 로마교회의 법의 남용들이 언급된다.[142]

제시된 구체적인 개혁안은 다음과 같다. 교회법과 관련된 개혁제안

142) 참조. WA 6,418,14~427,29. - 교황의 불법적인 수입(초년(初年)세[모든 교회 임직자들의 첫해 수입 절반을 내는 세금], 면죄부, 터키인세, 교황의 달[교황이 격월로 교회의 봉토를 부여]), 교황에 의한 성직록의 불법적인 독점(통합과 합병[한 사람이 동시에 가질 수 없는 교구를 통합과 합병이라는 이름으로 한 교구로 만들어 한 사람으로 다스리도록 하는 것])과 봉토의 불법적인 탈취(마음의 보류[교황은 성직록을 이미 허락했음에도 교황 자신의 자유의지에 따른 마음속의 보류에 근거해 성직록을 빼앗아 다른 사람에게 주는 것]) 등.

(교황에 의한 주교의 임명 철폐, 교황에 대한 주교의 맹세와 비성서적인 순결서약 철폐, 파문[성사금지령], 추방의 오용, 성직 정직, 성직 면직 등의 영적인 권리 주장 철폐), 교회 재정과 관련된 개혁 제안(교황의 사치 일소, 교황에게서 사는 모든 특권 폐지, 성직록과 봉토에 대한 교황권의 남용 폐지), 예식과 '보헤미안 사건'과 관련한 개혁제안(예식의 폐해들 - 영혼 미사, 성지순례, 축제일, 고해 강요, 탁발수도원들, 수도교단, 순결서약 등 - 폐지) 등이다. 마지막으로 정치적, 사회적 개혁안도 제시한다. 정치적 제안에서 거부할 내용은 독일 황제가 교황에 종속되고 이탈리아 지역이 교황의 영토라는 주장이다. 사회 개혁에 관한 내용은 다음과 같다. 대학교는 아리스토텔레스의 교과서를 폐지하고 성서에 방향설정을 하고 라틴어, 헬라어, 히브리어 고전어에 치중함으로 새로워져야 한다. 그리고 탁발을 폐지하고 사치, 이자거래, 매춘 같은 사회적, 윤리적 나쁜 폐단들을 없애야 한다.

작품 특징

이 작품의 신학적 핵심은 세례받은 자는 제사장이라는 '만인 사제주의' 가르침이다. 이것은 성직자 신분과 평신도를 구분하여 영적인 권한을 가진 사제계급의 일방적인 우위를 주장한 첫 번째 담을 반대하여 주장되었다. 루터는 세례, 복음, 믿음(엡 4:5)이 모든 그리스도인들을 동일하게 영적인 신분(바울은 이를 그리스도의 몸으로 묘사함. 고전 12:1 이하)의 구성원으로 만든다고 주장한다. 베드로전서 2장 9절, 사도행전 1장 5~6절, 5장 9~10절에 따르면 그리스도의 몸을 이루는 구성원은 모두 제사장과 같은 전권을 가진다. 교회의 직분은 이러한 공동의 전권을 공적으로 수행하도록 위탁된 것일 뿐이다. 루터는 세례받은 자 모두가 만인 제사장이라는 사실로부터 다음 결론을 도출한다.

> "교회의 직분을 맡은 최고 책임자들이 교회의 오류들을 바로잡지 않는다면, 세상 권력의 소유자는 세례받은 그리스도인으로서 이러한 일을 할 수 있는 권리, 심지어 그렇게 해야 할 의무가 있다."

작품의 의의

루터의 개혁프로그램을 담은 『독일 귀족에게』는 출판업계에서 가장 큰 성공을 이룬 루터의 작품 가운데 하나이다. 이 작품의 초판은 출판된 지 약 1주 만에 매진되었다. 8월 23일 슈팔라틴(G. Spalatin)에게 보내는 편지에 따르면 루터는 즉시 부분 수정 및 보완하여 제2판을 출판하였다.[143] 이 작품은 무려 15판이나 인쇄되었고(대부분 1520년과 1521년) 인쇄된 장소(비텐베르크 3판, 라이프치히 2판, 아우크스부르크 5판, 바젤 2판, 슈트라스부르크 2판, 뮌헨 1판) 역시 매우 다양하여 당시 루터작품의 인기를 짐작하게 한다.

루터는 『독일 귀족에게』라는 작품으로 수도사의 사적인 영역에서 대중 앞으로 나아갔고, 종교적, 목회적 영향력이라는 좁은 영역을 넘어 개혁을 이끄는 지도자가 되었다. 『독일 귀족에게』는 당시 불거진 세속적인 문제들을 루터 자신의 정치적·사회·경제적인 관점에서 다루었다. 특히 당시 현실적인 "독일 민족의 불만들"과 밀접하게 관련지음

143) WA Br 2,169,6~7.

으로 종교개혁 시기 전체에 걸쳐 매우 인상적인 영향력을 끼쳤다.

루터가 사회의 지도층에게 교회와 사회의 문제를 개혁할 수 있는 당위성과 방법을 설득력 있게 제시한 이 작품은 매우 많은 대중적 인기를 누리며 큰 영향력을 끼칠 수 있었다. 결론적으로 이 작품은 일상생활을 다룬, 사회 고발의 무게감이 실린, 그리고 구체적인 개혁 방법론이 제시된 것으로 루터의 모든 작품 가운데 중요한 위치를 차지한다.

27

중세교회의 기반을 뒤흔든 『교회의 바빌론 포로에 관하여』

『교회의 바빌론 포로에 관하여. 전주곡』

『교회의 바빌론 포로에 관하여. 전주곡』(De captivitate Babylonica ecclesiae. Praeludium)[이하 『교회의 바빌론 포로』로 인용])은 교황의 파문 위협교서로 소송이 진행되고 있는 가운데 쓴 작품으로, 교회를 포로로 삼고 그리스도인의 자유를 억압하는 교황 권위의 신학적 근거에 저항한 루터의 대표적인 종교개혁 작품이다.

'바빌론 포로'란 성례의 왜곡된 가르침을 통칭하는 말이다. 이스라엘 백성이 바빌론의 포로가 되어 오랫동안 고난의 생활을 한 것처럼, 교회의 성례가 중세 로마 가톨릭교회의 포로가 된 현실을 비유해 붙인 표현이다. 이 작품은 성례에 대한 루터의 오랜 숙고 끝에 나온 것으로, 당시 이 문제의 심각성이 어느 정도인지 보여주는 하나의 '전주곡'에 불과했다. 성례 문제가 앞으로 계속해서 로마 가톨릭교회와 논란의 대상이 되리라는 점을 루터는 이미 알고 있었다.

『교회의 바빌론 포로』. 출처: Wikipedia

저술 배경

로마 가톨릭교회에 대한 루터의 비판 대상은 처음엔 교황권이었지만, 성례의 가르침 역시 집중적인 논쟁 대상이 되었다.『면죄부의 효능에 대한 토론 해설』(1518)에서 루터는 의롭게 하는 것은 성례가 아니라 믿음이라고 언급했다. 그는 신학적인 작업과 여러 작품 속에서 성례에 관한 견해를 계속하여 발전시켜 나갔다. 심사숙고하여 얻은 결실을 1519년의 3편의 성례 설교("회개성례 설교", "거룩하고 존귀한 세례 성례 설교", "거룩한 그리스도의 몸의 고귀한 성례와 형제애에 관한 설교")를 통해 널리 알렸다. 오직 믿음으로 칭의를 받는다는 가르침에 근거하여, 루터는 로마 가톨릭교회가 주장한 성례의 사효론적인 작용(ex opere operato)에 반대하며 성례의 올바른 사용은 믿음이라고 설교하였다. 의례로 행해진 성례가 아니라, 성례에 대한 믿음이 비로소 칭의를 가져온다는 것이다. 루터의 성만찬 이해는 다시 약속과 믿음을 중심사상으로 하여 "새로운 언약에 관한 설교"(WA 6,353~378)에서 진술되었다. 이후 루터는『교회의 바빌론 포로』에서 로마교회의 7성례를 자세히 다루는데, 여기서 성경적으로 뒷받침된 성례 가르침이 제시되고 로마교회의 성만찬 신학과 실행에 대한 비판의 윤곽이 더욱 뚜렷하게 나타난다.

작품 내용

성만찬의 오용과 본질

먼저 루터는 성만찬에 관련된 세 가지 포로를 언급한다. 첫 번째 포로는 로마교회가 평신도에게 잔을 분배하지 않는 오류다. 루터는 일종 성찬(평신도에게 빵만 분배하는 성만찬)의 근거로 요한복음 6장을 인용해서는 안 된다고 주장한다. 왜냐하면 성례가 이 시기에는 아직 수립되지 않았고, 그리스도는 여기서 성만찬이 아니라 육화(肉化)한 말씀에 대한 믿음을 언급하기 때문이다. 이종성찬에 대한 증거는 성만찬 대상을 성직자뿐만 아니라 모든 그리스도인에게 확대하여 언급한 복음서(마 26:17~30)와 이와 관련하여 바울이 세운 규정인 고린도전서 11장 17~34절, 그리고 키프리안의 작품『타락한 자들에 관하여』(De lapsis V)이다. 두 번째 포로는 토마스 아퀴나스 및 아리스토텔레스적인 성찬론에 근거한 로마교회의 화체설(化體說)이다.[144] 화체설은 사제만이 화체를 일으키는 성찬 요소들을 축성할 수 있다고 하여 성직자 계급의 권력과 위엄의 근거가 되었다. 루터는 비성서적인 화체설을 거부하고 공재설(共在說)을 주장한다.[145] 물론 화체설 비판으로 성만찬에 예수 그리스도의 실제 임재를 부인한 것이 아니다. 그리스도는 선언된 성례의 약속을 통하여 현존하며, 이 약속에 덧붙여진 빵과 포

---

144) 화체설에 따르면 사제가 유언의 말씀(verba testamenti)을 통해 제정함으로 빵과 포도주는 육체와 피라는 실체로 변하고, 빵과 포도주는 단지 비본질적인 것(accidentia)으로 존재할 뿐이다.

145) 공재설에 따르면 그리스도의 존재는 마치 그리스도 안에서 신성과 인성이 결합하여 있는 것과 같이 비밀스럽게 빵과 포도주라는 실체와 연합한다.

도주에 오직 믿음으로 받아들여진다. 세 번째 포로는 성만찬의 오용이다. 로마교회는 미사를 희생과 행위(골고다에서 그리스도의 십자가의 죽음이 사제에 의해 피 흘림 없이 반복됨)로 이해하는 오류를 저질렀다.

이어서 루터는 이러한 세 가지 포로에서 해방되는 길을 다룬다. 신약성서에 따르면 성만찬은 고유한 특징을 가진 유언행위이다. 그리스도는 죽음 앞에서 죄 용서라는 유언 약속을 하시며 이것을 모든 구원의 상속자인 신앙인들에게 주셨다. 구원 약속에 대한 유언은 믿음으로만 받을 수 있다. 따라서 성례의 핵심은 믿음으로 참여한 자들에게 약속으로 선포되는 그리스도의 성만찬 말씀이다. 성만찬의 약속이 믿는 자들에게 의롭다 함을 받게 하는 은혜를 선언하기 때문이다. 죄의식으로 고통받는 신앙인은 그리스도의 말씀을 신뢰하는 가운데 하나님의 구원 행동을 경험한다. 그리스도는 자신이 약속한 유언의 기념표지(標識)인 빵과 포도주를 자신의 몸과 피로 비유하여 설명하였다. 루터에게 성례와 믿음의 맥락은 이렇다. 미사는 행해진 사역(ex opere operato, 사효성)으로부터 어떤 힘도 갖지 않는다. 미사의 효력이 다른 이들에게 전해지는 것은 불가능하며, 미사는 은혜를 통하여 오직 믿음으로 개인적으로 받아들여진다. 모든 강조점은 약속의 말씀이 있는 유언행위에 있다. 그리스도인들은 그리스도의 유언행위를 오직 선물로 받을 수 있고, 이 유언행위는 믿음으로 성찬에 참여하는 자들에게만 구원을 중개한다. 불경건한 사제가 행하는 성체거양과, 기도로 이루어지는 미사는 효력이 없다. 왜냐하면 그는 미사/유언을 의지하지 않고 기도/행위를 앞세우기 때문이다. 미사는 믿음의 대상이자 약속이고 유언이다. 그러므로 기도와 행위 및 제사는 믿음 안에서 사제를 통하여 하나님께 올라가 하나님의 들어주심을 청원하는 것이지만, 미사와 성례 및 언약은 사제를 통하여 하나님으로부터 우리에게 내려와 우리의 믿음을 요구하는 것이다.

세례의 본질

세례는 하나님의 약속과 이에 대한 믿음이 본질이다. 마가복음 16장 16절의 언약은 믿음에 전적인 구원을 약속하는 동시에 불신앙을 인간이 정죄 받는 유일한 원인으로 언급한다. 하나님께서 자신을 신뢰하는 믿음에 구원을 베푸신다는 약속은 세례 선언 이후 죽을 때까지 영원히 유효하다. 하나님의 약속에 대한 믿음만이 항상 있어야 하고 강화되어야 한다. 세례에서 단 한 번 맺은 언약은 믿음을 위해 항상 기억되어야 하며, 전 생애를 포괄하는 특성은 순전하게 유지되어야 한다. 회개(참회)가 세례를 대체('파선 이후 두 번째 널빤지'[제롬])한다는 견해는 거부되어야 한다. 세례에서 결정적인 것은 믿음이다. 성례 자체가 아니라 약속으로서의 성례에 대한 믿음이 의롭다 함을 얻게 하기 때문이다. 성례는 믿는 자를 굳세게 하고 확신하도록 만든다. 세례 자체로 칭의를 받는다는 견해는 거부된다. 루터는 성례의 표지(즉 물에 잠기는 것)와 관련하여 성례가 '은혜의 효력 있는 표지'(signum efficax gratiae)라는 중세의 정의를 비판한다. 성례의 효력은 감각적인 표지와 초자연적인 은총이 아닌 언약의 말씀과 이에 대한 믿음에 달려 있기 때문이다. 또한 루터는 새 언약(신약)의 성례와 옛 언약(구약)의 성례의 관계를 다룬다. 하나님께서 구약에서 자신의 약속을 표지와 연관시켰을 때(무엇보다도 아브라함에게 할례를 통해), 그것은 신약에서와 마찬가지로 의롭게 하는 믿음의 성례였다. 성례의 효력이 믿음에 달려 있고 믿음을 통해 하나님의 약속이 성취되었기 때문이다. 하지만 약속의 말씀을 갖지 않은 모세 율법의 의식과, 옛 언약 및 새로운 언약의 믿음 성례는 서로 엄격하게 구분되어야 한다.

세례를 단지 죄를 씻는 것으로만 해석하는 것은 불충분하다. 물에 들어갔다가 다시 나오는 세례 행위는, 세례의 약속과 세례의 믿음이 효과적인 것으로 입증되어야 하는 지평, 즉 죽음과 부활 때까지의 인간의 삶 전체를 보여준다. 믿음을 통하여 인간의 삶에서 죄가 죽고 새로운 삶이 하나님으로부터 시작되는 것은, 죽음과 부활에서 비로소 완성되기 때문이다. 인간은 전인으로 죽음에 내맡겨져야 하고, 그런 후에 전인으로 새로운 피조물이 된다. 이를 통해 비로소 인간은 그리스도의 죽음 및 부활과 일치하게 된다.

회개(참회)의 본질

복음은 사면(용서)의 말씀(이것이 믿음을 가져오게 한다)을 통해 죄를 용서하신다는 하나님의 약속이다. 참회성례도 약속의 말씀과 믿음 사이의 본질적인 관계에서 출발하지만, 그리스도가 정하신 특별한 표지는 없다. 참회의 요소는 약속과 믿음, 두 가지다. 로마교회는 참회에 있어 믿음의 필요성을 거부하기 때문에 삼중의 왜곡을 가져왔다. '통회'(contritio cordis)는 믿음의 행위가 아니라 공로로 여겼고, 통회를 하게 하는 믿음에 주목하기 보다는 통회하는 행위에 주목하였다. 통회 자체는 탁월하지만, 사실 이것은 하나님의 약속과 위협의 말씀을 믿을 때 따라오는 것이다. '입의 고백'(confessio oris. 마 3:6; 요일 1:9)은 상업화되고, 양심을 딱하게 하고, 성직자에 매여 왜곡되었다. 고백은 본디 모든 그리스도인에게 허락된 것이다. '보상행위'(satisfactio operum)는 율법적이고 (부분적으로) 비인간적인 행위로 왜곡되었다. 보상에는 삶의 갱신이 뒤따라와야 했다.

마지막으로 루터는 견진, 결혼, 임직, 종유 성례를 비성서적인 것으로 간주하여 거부하였다. 이것들은 그리스도가 보증하신 약속의 말씀에 근거하지 않으며 그리스도가 제정하신 특별한 표지도 없기 때문이다.

작품 특징

루터는 이 작품에서 처음으로 로마 가톨릭교회의 7성례를 반박한다. 새로운 성례 신학에 따라 세례와 성만찬만을 성례로 여긴다. 두 성례에만 그리스도의 말씀에 근거하여 믿음을 불러일으키는 하나님 언약의 말씀과 표지가 있기 때문이다. 이것만이 의롭게 하는 은총의 성례이고 믿음을 통해 칭의를 경험하게 한다. 루터는 회개를 작품의 앞부분에서는 성례로 인정하지만 결국 후반부에서 제외한다.

루터는 종교개혁의 말씀 신학의 틀 안에서 성례의 본질을 하나님의 약속과 인간의 믿음이라고 보았다. 루터는 1520년『새로운 언약에 관한 설교』에서 1519년의 성례 설교들과는 달리 약속과 믿음을 성례의 핵심으로 여기기 시작했다. 그리고『교회의 바빌론 포로』에서 약속(promissio)과 믿음 사이의 맥락을 더 분명하게 강조하였다. 루터는 의롭다 함을 받게 하는 것은 성례 자체가 아니라, 성례에 관한 약속의 말씀에 대한 믿음(Non sacramentum, sed fides sacramenti iustificat. WA 6,533)이라고 강조한다. 세례에서도 가장 중요한 것은 약속이다. 세례를 통한 의는 세례에서 약속된 말씀을 믿는 믿음이다. 다시 말해 의롭게 되는 것은 세례 자체가 아니라 세례에 주어진 약속의 말씀에 대한 믿음이다. 루터에 따르면 은혜의 능력이 다스리다가 다시금 죄가 우리를 지배하게 되더라도 죄는 세례의 본질을 소멸시키지 못한다. 오히려 우리는 참된 뉘우침과 회개를 통해 세례에 대한, 객관적으로 유효한 하나님의 약속으로 새로이 되돌아갈 수 있다. 결국 루터에게 회개란 세례를 대치하는 것이 아니며, '파선 이후 제2의 널빤지'도 아니다. 오직 믿음 안에서 언약에 대한 끊임없는 훈련이자, '지속해서 세례로 돌아가는 것'(reditus ad baptismum)이다.

작품의 의의

『교회의 바빌론 포로』는 루터 이전의 모든 견해들을 능가한다. 루터는 이 작품에서 출생부터 죽음에 이르기까지 그리스도인의 삶을 지배하는 성례 제도로서의 교회를 파괴하였고, 동시에 그리스도인들에 대한 교회의 힘과 영향력 대부분을 빼앗았다. 루터는 이 작품을 통해 잘못된 교회 제도의 붕괴와 교회 혁명을 넘어 성례에 관한 바른 신학적 이해, 즉 공로와 업적이 아닌, '선물로서의 성례'라는 의미를 바로 세우고자 했다.

루터의 종교개혁작품『교회의 바빌론 포로』는 교회의 기반을 송두리째 뒤흔들었다.『교회의 바빌론 포로』에서 다룬 내용은 오늘날도 로마 가톨릭 사상과 개신교와의 근본적인 차이를 이해하는데 빼놓을 수 없는 고전 문헌이다. 여기서 다룬 요점은 성례의 단순한 표지가 아니라 성례의 효력과 의미에 관한 문제이다.『교회의 바빌론 포로』는 신앙생활과 교회 생활에서 중요한 의미를 지니는 성례라는 주제를 진지하면서도 성서적 원리에 근거해 정확하게 이해하고자 시도한 루터의 주요 종교개혁 작품으로 평가할 수 있다.

28

그리스도인 삶의 요약, 『그리스도인의 자유에 관하여』

『그리스도인의 자유에 관하여』

루터는 믿음의 신기원을 이루고 변혁을 일으킨 인물로 평가된다. 루터의 동시대인들은 그를 말라기 4장 5절에 따라 이스라엘 백성이 종말에 기대한 선지자 엘리야와 연관시켰다. 루터도 자신의 행동을, 구약시대에 닥칠 심판과 멸망을 선포하면서 사람들을 하나님과의 바른 관계로 되돌리고자 한 선지자의 의식과 유사하다고 보았다.

루터가 중세에서 근대로 넘어가는 과도기에 중요한 교량의 역할을 했다는 것은 부인할 수 없는 사실이다. 독일과 유럽 사회의 발전을 위한 선구자적인 루터의 신학과 사상의 주제 가운데 하나는 바로 '자유'다. 정확히 말해 '그리스도인의 자유'다. 루터 이전에 누구도 자유를 신학의 주제로 삼은 이는 없다. 물론 루터에게 중요한 것은 사회적 혹은 정치적 자유가 아니라 정신적-영적인 개념의 자유였지만, 이 개념은 사회와 문화, 그리고 정치 영역을 관통하여 지금까지도 영향을 끼치고 있다. 자유에 대한 루터의

『그리스도인의 자유』. 출처:Wikipedia

언급은 그 시기에는 유일한 것이었고, 자유는 루터에게 있어 중심적인 신학 주제였다.[146]

그의 자유사상이 탁월하게 전개된 것은 『그리스도인의 자유에 관하여』[이하 『그리스도인의 자유』로 인용]이다. 이것은 하나님 앞에서의 인간과 사회적 관계 속에 있는 인간의 모습을, 적은 분량이지만 분명하고도 상세하게 서술한 루터의 돋보이는 작품이다. 그래서 이 작품은 항상 루터의 신학에 대한 서론으로 사용되곤 한다.

저술 배경

파문을 예기하게 한 파문위협교서(1520년 6월 15일 "주여 일어나소서(Exsurge Domine)")와 파문(1521년 1월 3일 교서 "로마의 교황에게 어울리는 것(Decet Romanum pontificem)") 사이에서 『그리스인의 자유』는 저술되었다. 저술에는 두 가지 중요한 동기가 있다. 우선 『그리스도인의 자유』는 작센의 귀족 밀티츠(Karl von Miltitz)가 루터의 일로 분개한 로마 교황청과 루터 진영 사이를 중재하려는 시도와 관련된다. 밀티츠는 루터에게 그의 견해를 가능한 한 기본적이고도 논쟁적이지 않게 작성하여 교황 레오 10세에게 보내도록 설득하였다. 둘째, 루터는 파문의 위협과 파문의 실현이라는 분명한 긴장과 강요 상황에서 복음의 본질을 집중적으로 서술해야 할 필요성을 느꼈다. 루터는 자신을

146) 통계에 따르면 1517년부터 1530년까지 나온 독일어 루터작품에서만 무려 5000개의 증거가 발견된다. 참조. Irene Dingel, "Von der Freiheit eines Christenmenschen(1520) - Historische und theologische Aspekte", I. Dingel et al. ed., Meilensteine der Reformation. Schlüsseldokumente der frühen Wirksamkeit Martin Luthers (Gütersloh, 2014), 123.

해명하고자 했을 뿐만 아니라, 복음에 대한 이해와 묵상 가운데 얻은 중심적인 통찰들을 많은 독자들에게 전달하고자 했다. 『그리스도인의 자유』는 독일어본과, 독일어본을 교정하고 확대한 라틴어본이 있다.

작품 내용

루터는 첫 부분에서 그리스도인의 본질을 탁월하게 정의하는 두 명제를 제시한다.

> "그리스도인이란 어떤 존재이며 그리스도가 그리스도인에게 선사하여 준 자유가 어떤 것인지를 철저히 인식할 수 있도록, 나는 다음의 두 명제를 제시하고자 한다. 그리스도인은 만물을 지배하는 자유로운 주인이며 누구에게도 종속되지 않는다. 그리스도인은 만물에 대해 섬기는 종이며 모든 사람에게 종속된다."[147]

그리스도인이 모든 만물 위의 자유로운 주인인 동시에 모든 만물을 섬기는 종이라는 모순적인 명제는 그리스도인의 두 가지 본성으로 뒷받침된다. 그리스도인은 한편으로 영적인 본성 혹은 영혼 측면에서 영적 인간, 새사람, 그리고 속사람이고, 다른 한편으로 육적인 본성 혹은 육신 측면에서 육적 인간, 옛사람, 그리고 겉사람이다.

믿음과 속사람

루터는 그리스도인이 믿음 안에서 자유를 갖고 있음을 강조한다. 의로운 존재와 자유, 악한 존재와 종속됨을 결정하는 것은 영혼 혹은

147) WA 7,20,25~21,4.

속사람(자유가 위치하는 곳)이다. 영혼이나 속사람은 육이나 외적인 것에 우선하고 그 반대는 성립되지 않는다. 다시 말해 외적인 경건 연습과 육체의 외적인 상태는 영혼에 아무 영향을 미치지 못한다. 이러한 영혼에 중요하고 필요한 것은 오직 말씀이다(solum verbum). 영혼에는 하나님의 말씀 외에 다른 것은 전혀 필요하지 않다(마 4:4).

> "영혼은 … 거룩한 복음, 즉 그리스도에 의해 설교된 하나님의 말씀 외에는 아무것도 필요하지 않다. … 영혼은 다른 모든 것은 없어도 괜찮지만, 하나님의 말씀 없이는 존재할 수 없다. 하나님의 말씀 외에는 그 어떤 것도 영혼을 돕지 못한다. 영혼이 말씀을 가지면 다른 것을 더 이상 필요로 하지 않고 말씀으로 넉넉하며, 영혼은 말씀에서 양식, 기쁨, 평화, 빛, 은혜, 의, 진리, 지혜, 자유 등 모든 좋은 것을 넘치게 소유한다."

하나님의 말씀은 행위 없이 오직 믿음으로 이루어지는 칭의에 관한 복음이다(sola gratia). 믿음만이 하나님의 말씀을 유익하고 효과적으로 사용한다(sola fide). 즉 믿음은 속사람을 의롭게 하고 그리스도인으로 만든다(요 6:28~9). 하나님의 말씀은 '율법과 약속'의 형태로 우리에게 주어졌다. 율법은 성취할 수 없는 요구를 통하여 선에 무능한 자기 능력에 절망하고 죄를 깨닫도록 하지만, 하나님의 약속인 복음은 율법이 요구하는 것을 선물로 주고 율법이 명령하는 것을 성취하게 한다. 결국 하나님 홀로 명령하시고(계명/율법), 하나님 홀로 성취하신다.

복음, 즉 하나님의 말씀을 신뢰하는 믿음만이 사람을 의롭게 하고 의를 가져다준다. 루터는 하나 되게 하는 믿음의 세 가지 능력을 설명한다. 첫째, 영혼은 믿음을 통하여 말씀과 하나가 된다. 믿음은 그리스도인을 말씀과 하나 되게 하며 말씀의 모든 능력에 참여하게 한다. 요한복음 1장 12절에 나오는 하나님의 자녀 됨에 대한 약속이 믿음으로 성취된다. 믿음과 말씀의 하나 됨은 총체적이어서 영혼은 말씀처럼 된다. 쇠가 불처럼 빨갛게 달궈지는 것처럼, 믿음을 가진 사람 역시 말씀을 통하여 완전히 변화되고 말씀의 본성에 참여한다. 믿음으로 말씀과 하나 되기 때문에 그리스도인은 의롭게 되기 위해 행위가 필요하지 않다. 그리스도인은 더는 율법과 계명의 강요 아래에 있지 않으므로 자유로운 존재이다. 바로 이것이 '그리스도인의 자유'다. 이것은 그리스도인이 나태하게 살아도 된다는 말이 아니라 의와 구원을 위해 행위가 더 이상 필요하지 않다는 의미이다. 둘째, 영혼은 믿음을 통하여 진리와 하나가 된다. 믿음은 말씀을 진리로 여김으로 하나님께 영예를 돌리며 첫 계명을 성취한다. 믿음은 선한 행위를 성취하기에 의롭게 하는 것이다. 믿음은 누군가가 다른 사람에게 보여줄 수 있는 최고의 영예이다. 믿는 자는 믿는 대상을 진실하다고 여기고 있음을 증언하는 것이다. 반대로 불신은 누군가에게 줄 수 있는 최고의 수치이다. 셋째, 영혼은 믿음으로 그리스도와 하나가 된다. 루터는 여기서 '즐거운 교환'이라는 성 버나드의 결혼 신비주의적인 비유를 들어 영혼과 그리스도의 하나 됨을 설명한다.

> "믿음은 영혼을 하나님의 말씀같이 되게 하고 모든 은혜로 충만하여 자유하고 복되게 만들 뿐만 아니라, 마치 신랑과 신부처럼 영혼을 그리스도와 연합시킨다. 이런 결혼의 결과는 성 바울이 말하는 것처럼(엡 5:30) 그리스도와 영혼이 한 몸이 되는 것이다. 또한 양쪽의 재화, 행복 혹은 불행, 그리고 모든 것들은 공동 소유가 된다. 그리스도가 가진 것은 믿는 영혼의 소유

> 가 되고, 영혼이 가진 것은 그리스도의 소유가 된다. 그리스도가 가진 모든 재화와 복은 영혼의 소유가 되고, 영혼이 가진 모든 악덕과 죄는 그리스도의 소유가 되는 것이다. 여기서 즐거운 교환과 싸움이 일어난다. 그리스도는 하나님인 동시에 인간으로, 결코 죄를 지은 적이 없으며 그의 의는 정복당할 수 없으며 영원하고 전능하다. 그가 이제 믿는 영혼의 죄를 신부의 반지(즉 믿음)를 통하여 자신의 것으로 삼고 마치 자신이 그것을 행한 것처럼 행한다면, 그 죄는 그리스도 안에서 삼켜지고 죽임을 당할 수밖에 없다. 왜냐하면 그의 정복당할 수 없는 의는 모든 죄보다 강하기 때문이다. 그래서 영혼은 오직 (신랑이 신부에게 주는) 약혼 선물, 즉 믿음 때문에 자신의 모든 죄로부터 풀려나 자유하고 신랑 그리스도의 영원한 의를 지니게 된다. 부유하고 고귀하고 의로운 신랑 그리스도가 가난하고 업신여김을 받는 악한 창녀와 결혼하여 그녀를 모든 악으로부터 해방하고 모든 좋은 것으로 치장해 준다면, 이 얼마나 즐거운 결혼식인가! 그러면 죄가 그녀를 저주하는 것은 불가능하다. 모든 죄가 그리스도 위에 놓여 있고 그리스도 안에 삼켜졌기 때문이다. 그녀는 이제 신랑의 풍족한 의를 갖게 된다. 비록 모든 죄가 그녀에게 놓여 있다 할지라도 그녀는 다시 한번 죄에 대항해 굳게 설 수 있다."

모든 계명의 성취는 오직 믿음으로 이루어진다. 하나님만을 경외하라는 제1계명은 선행을 통해서가 아니라 믿음으로만 성취될 수 있다. 하나님을 송축하며 진실한 분으로 고백하는 것은 믿음으로만 가능하기 때문이다. 제1계명을 성취하는 자만이 다른 모든 계명 또한 성취할 수 있다. 계명은 믿음으로 성취되고 행위는 그 열매로 뒤따라오는 것이다.

다음으로 그리스도의 몫에 참여하는 그리스도인의 자유에 관해 다룬다. 그리스도는 믿는 영혼에 자기 왕의 직무와 제사장의 직무에 참여하게 한다. 예수 그리스도는 하나님 아버지의 참된 장자(제롬 이후로 창세기 49장 3절을 근거로 주장된 장자 권리)로서, 제사장과 왕의 권리를 갖는다. 왕과 제사장이라는 그리스도의 이중적인 직무는 그리스도에게만 해당하는 것이 아니다. 그리스도는 이것을 모든 신앙인에게 나누어 준다. 그리스도인에게는 만물에 대하여 왕과 같은 자유가 있고, 다른 사람을 위해 기도하기 위해 자유로이 하나님께 나아갈 수 있는 제사장직무 또한 있다.

행위와 겉사람

그리스도인은 자유 안에서 값없이 하나님을 섬기는 행위를 한다. 그는 믿음 안에서 자유를 갖고 있지만, 육신 안에는 세상을 섬기려 하고 쾌락을 추구하는 완고한 의지가 있다. 이 육신은 선행을 통해 믿는 영혼과 같게 된다(롬 7:22~23; 고전 9:27; 갈 5:24). 루터는 선행의 근거를 구원을 얻기 위한 칭의의 노력이 아닌, 하나님에 대한 자발적인 사랑에서 찾는다. 사람(인격)과 행위의 관계를 아는 것이 중요하다. 불신앙은 행위를 악하게, 믿음은 행위를 선하게 한다. 선한 행위는 믿음을 통해서만 가능하다. 믿음이 칭의를 통해 행위를 하나님 마음에 들도록 하기 때문이다. 루터는 마태복음 7장 18절을 근거로 다음과 같이 말한다.

> "선하고 경건한 행위가 선하고 경건한 사람을 만드는 것이 아니라, 선하고 경건한 사람이 선하고 경건한 행위를 한다. 어느 경우든 사람이 모든 선행에 앞서 먼저 선하고 경건해야 하고, 선행은 경건하고 선한 사람에 뒤따른다."

다음으로 루터는 이웃에 대한 자발적인 사랑에서 나오는 선행을 다룬다. 선행은 자기 자신과 이웃을 위해 필요하고 유익하다. 그것은 구원을 얻기 위한 동기에서가 아니라 이기심 없는 자발적인 사랑으로 이루어진다. 이웃 앞에서 잘못된 의도의 선행, 즉 사랑으로 행하지 않은 선행은 잘못이다. 그리스도는 이웃을 섬기는 일에 그리스도인의 모범이다. 그러므로 그리스도인은 하나님께서 자신에게 그리스도를 통하여 행하신 것처럼 이웃에게 행해야 한다. 즉 이웃에게 '제2의 그리스도'가 되어야 한다. 그리스도인은 자유로운 하나님의 자녀일지라도 이웃을 섬기기 위해 자발적으로 자신을 내어주어야 한다. 성서에는 이웃을 자발적으로 섬기는 모범들이 있다(마리아, 바울, 그리스도). 그리스도인은 세상 당국에도 복종해야 하는데, 이것은 다른 사람을 섬기기 위함이다(롬 13:1 이하). 그리스도인은 그리스도의 모범에 따라 이웃의 자리에 서서 이웃이 구원에 이르는 것을 바란다. 그리스도인은 교회 및 세상 규정들로부터 완전히 자유롭지만, 이웃이 하나님에게 적대적으로 행동하지만 않는다면 이웃을 위해 그러한 규정들을 따른다. 인간에 대한 그리스도의 사랑이 그리스도인에게로 옮겨가며, 그리스도인은 다른 사람들에게 그리스도가 되고 또한 종이 된다. 이것으로 그리스도인은 자유로운 동시에 종속된 존재다.

그리스도인의 자유에 대한 결론은 다음과 같다.

> "그리스도인은 자기 자신 안에서 사는 것이 아니라, 그리스도와 이웃 안에서 산다. 믿음을 통하여 그리스도 안에서, 사랑을 통하여 이웃 안에서 산다. 그리스도인은 믿음을 통하여 자신을 넘어 하나님께로 가며, 다시 사랑을 통하여 하나님으로부터 자신 아래로 온다. 하지만 그는 항상 하나님과 그의

사랑 가운데 머문다. … 보라, 이것이 그리스도인의 참되고 영적인 자유이다."

작품의 의의

루터의 작품 가운데 걸작으로 손꼽히는 『그리스도인의 자유』는 (교황 레오 10세에게 보낸 공개서한에서 말한 것처럼) '그리스도인의 삶의 요약서'라고 평가할 만하다. 『그리스도인의 자유』야말로 루터연구를 위한 출발점으로 가장 적절한 작품인 동시에 루터 신학의 입문을 위해 반드시 읽어야 할 작품이다. 이 작품이 당대에 갖는 의미와 영향력은 1520년에서 1525년 사이에 출판된 인쇄 수량만으로도 추측할 수 있는데, 이 기간에 20개의 독일어판과 8개의 라틴어판이 출판될 정도였다.

『그리스도인의 자유』는 그리스도인이 가진 믿음의 본질을 '자유'로 표현한 핵심적인 작품임에도, 때때로 자유에 대한 루터의 사상을 부분적으로 오해하거나 왜곡하여 해석함으로 종교개혁의 부작용이 나타나기도 했다. 세상 지배질서로부터의 해방을 요구하고 나서거나, 루터의 겉사람과 속사람의 차이를 통합적으로 이해하지 못하여 영적인 차원에만 몰입하는 현상들이 바로 그 예이다.

29

기독교 신앙의 개요, 『대교리문답』

『대교리문답』

종교개혁시대는 교회 역사에서 교리문답의 시기로도 불린다.[148] 16세기 초만큼 기독교의 가르침을 새롭게 규정하고 형성하려는 다양한 시도들이 있던 적은 없었다. 복음적인 믿음에 대한 교육과 교리문답 교육방식의 필요성, 그리고 기독교 믿음을 요약하여 교육하는 수단의 필요성이 제기되었다. 이런 상황에서 교리문답이 그리스도인을 위해 필수적이라고 확신한 루터는 1529년 1월과 4월에 『소교리문답』과 『대교리문답』을 출간했다. 그는 1537년 7월 9일 카피토(W. Capito)에게 보내는 편지에서 두 개의 교리문답서가 『노예

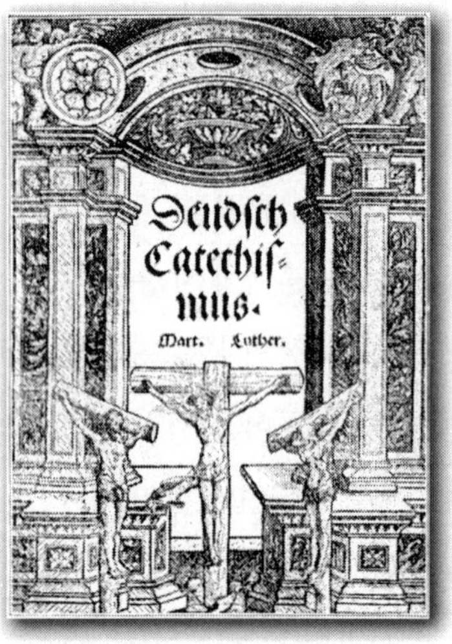

『독일어교리문답』(1529).
출처: Wikipedia

148) '교리문답'은 기독교 전통 초기에는 세례교육 과정을 의미하였고 후에는 세례교육의 내용 및 관련 주제를 포함하는 책을 지시하는 용어로 사용되었다. 루터도 『독일어 미사』에서 "교리문답이란 그리스도인이 되고자 하는 이교도들에게 기독교에서 믿어야 하고 행해야 하거나 그만두어야 할 일, 알아야만 하는 것을 가르치는 교육이다"(WA 19,76,2~5)라고 말했다. 또한 가르침의 내용들을 포함하고 있는 교리문답서라는 의미로 사용되었다.

의지론』과 더불어 자신의 최고의 작품 중 하나라고 강조할 정도였다.[149]

루터학자 로제(B. Lohse)는 『대교리문답』을 "교리의 기본적인 문제를 다룬 루터의 포괄적인 통찰"의 결과물로 특징짓는다.[150] 이 작품은 루터가 저술하지 않은 (가령 칼빈의 『기독교 강요』와 같은) 교의학을 대신하는 것으로도 이해할 수 있다. 루터의 『대교리문답』은 성서 전체에 대한 핵심이자 요약일뿐 아니라 그리스도인의 삶의 방향을 안내하는 수단이다. 루터는 기독교 신앙의 개요를 쉽게 요약한 교리문답에, 구원을 받기 위해 그리스도인이 알아야 하는 기초적인 가르침의 모든 내용이 담겨 있다고 강조한다.[151] 그는 아가서가 노래 중의 노래이듯이, 십계명은 가르침 중의 가르침이고 사도신경은 역사 중의 역사이며 주기도는 기도 중의 기도이고 성례전은 예식 중의 예식이라고까지 말한다.[152]

작품의 배경

루터의 교리문답은 그의 설교행위 및 목회상담과 밀접한 관련이 있다. 당시는 교리문답 내용에 대한 지식이 매우 빈약하였기 때문에 루터는 중세의 전통에 따라 1516년부터 십계명에 관한 일련의 설교를

149) WA Br 8,99,7~8.

150) B. Lohse, Martin Luther. Eine Einführung in sein Leben und sein Werk (München, 1981), 141.

151) BSLK 554,1.

152) 참조. WA TR 5,581,32~582,11.

하였다.[153] 또한 종교개혁 신학에 따라 새로운 회개의 삶을 제시해야 할 필요성을 느끼고 1520년에 "십계명, 사도신경, 주기도문에 관한 짧은 형식"(WA 7,204~229)을 출판하였다. 교리문답의 세 가지 항목을 짧게 강해하여 회개의 삶이 무엇인지 안내하고자 한 것이다. 그는 1528년 북독일의 종교개혁을 위해 자리를 비운 비텐베르크 시립교회 담임목사 부겐하겐을 대신하여 설교직을 맡아 교리문답에 대한 연속설교를 세 차례 하였다(5월 18~30일; 9월 14~25일; 11월 30일~12월 18일). 이때 선포된 설교들이 교리문답을 구성하는 직접적인 자료이자 기초가 되었다. 이것 외에 루터의 교리문답이 나오게 된 결정적인 계기는 교회 시찰(視察)로 드러난 교회의 영적인 황폐화와 교회교육의 부재 때문이었다. 루터는 당시 황폐화된 신앙생활과 교육을 회복시키기 위해 어린이들과 평신도를 대상으로 신앙교육지침서인 교리문답을 작성한 것이다.

이런 배경에서 1529년 1월에 『소교리문답』이, 5월(혹은 4월 중순)에 『독일어 교리문답』(Deudsch Catechismus)이 출판되었다. 『소교리문답』은 도표로 된 포스터로 인쇄되어 교회와 학교 벽에 붙여졌다. 그 후에 다시 『독일어 교리문답』과 『핸드북 - 일반 목사들과 설교자들을 위한 소교리문답』이 나왔다. 그리고 1541년부터 『독일어 교리문답』은 『소교리문답』과 구별되어 『대교리문답』으로 불렸다.

153) 루터는 1516년에 십계명에 관하여 연속적으로 설교하였고(WA 1,398~521), 1517 1517년 사순절 기간에는 주기도문을 강해하였다. 그리고 1523년 사순절에는 십계명, 사도신경, 주기도문에 관하여 설교하였다(WA 11,30~62).

작품 내용

『대교리문답』은 우선 목사들을 위한 신학적인 편람으로 간주될 수 있다. 구성은 (긴) 서문 (1530년 3판): "목사와 설교자들을 위하여"/ (짧은) 서문 (1529년 초판): "모든 이들을 위하여"/ 십계명/ 사도신경(믿음)/ 주기도/ 세례/ 성만찬/ 회개에 대한 간단한 권고로 되어 있다.

루터는 신학적인 원리에 따라 교리문답의 내용을 구성한다. 먼저 십계명을 통해 개인이 행해야 할 일과 그만두어야 할 일이 무엇인지를 알아 자신의 병과 죄를 깨달아야 한다. 회개할 준비가 되어 있는 자에게 사도신경은 병을 치료하는 약과 은혜를 어디에서 구하고 찾아야 하는지를 보여주어 그것을 찾고 구하도록 가르친다. 마지막으로 주기도를 통해 어떻게 은혜를 찾고 얻어야 하는지를 깨닫는다.

십계명

십계명은 하나님께서 우리가 행하거나 그만두기를 원하시는 것이 무엇인지를 보여준다. 여기서 기대되는 순종은 사실 계명 자체에 대한 것이 아니다. 계명 자체에 대한 순종을 요구한다면 그것은 또 하나의 새로운 행위의 의가 되기 때문이다. 오히려 중요한 것은 하나님 자신에 대한 진지한 순종이다. 그러므로 루터는 열 개의 계명 모두를 제1계명이라는 단 하나의 계명으로 소급시킨다. 그 내용은 바로 인간이 하나님께 하나님으로서 당연히 요구하시는 것을 돌려드리는 것이다. 다시 말하면 하나님을 경외하고 사랑하고 신뢰하는 것이다. 이것을 한마디로 말하면 믿음이다. 따라서 모든 계명은 믿음 안에서 성취된다.

십계명의 설명 마지막 부분에서 루터는 다른 모든 계명의 기초가 되는 제1계명의 의미와 중요성을 강조한다. 제1계명을 지키는 것이 모든 계명을 지키는 관건이요, 모든 계명을 완성하는 열쇠이기 때문이다. 제1계명은 "다른 모든 계명을 관통하여 흐르는 수장이며 샘물의 원천이다. 거꾸로, 모든 계명은 1계명으로 되돌아가 이 계명에 의존한다." 여기서 제1계명이 믿음을 통해서만 성취 가능함을 주목해야 한다. 믿음으로 하나님을 선하고 의롭다고 여길 때, 즉 하나님을 존경하고 하나님께 마땅히 돌려드려야 할 "진실하시고 지극히 자비로우시다"는 영예를 돌려드릴 때, 하나님께서는 존경받고 하나님으로 인정될 수 있기 때문이다. 이 일은 행위를 통해서가 아니라 오직 마음(heart)의 믿음을 통해서 가능하다. 하나님을 찬양하고 고백하는 것은 행위가 아니라 오직 믿음으로 가능한 일이다. 이런 의미에서 믿음만이 모든 계명을 성취하며 그리스도인의 의다. 제1계명을 지키는 사람은 다른 모든 계명을 쉽게 성취할 수 있다. 행위는 생명이 없기에 하나님을 찬양하거나 존경할 수 없다. 물론 믿음이 있는 행위는 하나님을 존귀하게 한다. 그러나 실제로 행위를 하는 자, 하나님께 영예를 드리고 행위들을 만들어내는 주체를 묻는다면, 그것은 우리의 전체 의의 핵심이자 본질, 바로 마음의 믿음이다. 그러므로 모든 행위 이전에 계명들은 (믿음을 통해) 성취되는 것이다. 그러한 성취 이후에 행위들은 자연스럽게 뒤따라온다.

사도신경

사도신경은 하나님에 의한 '창조 - 구속(구원) - 성화'라는 세 부분으로 나뉘어 설명된다. 루터는 구속이라는 의미를 '주님'이라는 단어에 집중하여 설명한다. '주님'이라는 말에는 우리를 사탄으로부터 하나님께, 죽음으로부터 생명으로, 죄로부터 의로 이끄셨고 우리를 그 안에서 보존하신다는 의미가 포함되어 있다. 그리스도가 고난받으신 것은 나를 위한 것이고, 내가 갚아야 할 죗값이며, 내 죄의 대가를 치르기 위함이었다. 루터는 구속이라는 이 조항이 우리의 모든 구원이 달려 있는 근거이며 끊임없이 설교되어야 할 주제라고 강조한다.

주기도문

주기도에서 인간은 하나님 앞에서 홀로 말을 건넨다. 하나님 앞에 자신의 곤경을 한탄하며 도움을 요청하는 자로 선다. 루터는 주기도에 담긴 일곱 가지 간구가 갖는 하나의 통일성을 발견하는데, 모든 간구가 육신, 세상, 사탄과의 싸움과 관련이 있다는 사실이다.

루터는 주기도 강해에서 특히 싸움을 치르는 믿음을 자세히 다룬다. 믿음은 항상 시련을 겪으며 믿음을 방해하는 행동들과 끊임없이 마주한다. 세 번째 간구 "당신의 뜻이 이루어지이다"에서 루터는 사탄의 끊임없는 저항과 방해에 관해 말한다. 사탄은 누군가 올바른 믿음을 가르치는 것을 참지 못한다. 그러므로 누구든 그리스도인이 되고자 한다면 사탄과 그의 모든 일당과 세상을 적으로 맞이할 준비를 해야 한다. 하나님의 말씀이 선포되는 곳에 "사랑스러운 거룩한 십자가" 역시 멈추지 않는다. 그러므로 우리는 하나님의 뜻이 이루어지도록 끊임없이 간구해야 한다. 이 기도가 우리의 피난처, 우리의 방패다.

"우리를 시험에 들게 마시고"라는 간구에서 중요한 것은 삼중의 시련, 즉 육신의 시련, 세상의 시련, 사탄의 시련이다. 모든 그리스도인은 영적인 시련을 참고 견뎌야 한다. 우리가 아버지께 시험에 들지 않게 해달라고 간구하는 것은 영적인 시련이 제거되거나 중지되는 것이 아니라 우리를 시험에 들게 하는 존재에 대항하는 힘을 구하는 것을 의미한다. 왜냐하면 누구도 시험과 유혹에서 벗어날 수 없기 때문이다. 시험은 분명 인간에게 피할 수 없는 존재다.

세례와 성만찬

세례와 성만찬에서 하나님은 '주시는 자'다. 하나님이 바라시는 단 한 가지는 하나님의 말씀을 진정으로 받아들이는 믿음으로 하나님의 선물을 수용하는 일이다. 오직 믿음만이 성례가 선사하는 선물을 받을 수 있으며, 믿음 없이는 성례는 어떤 열매도 맺지 못하기 때문이다.

세례의 효력과 목적은 구원이다. 그런데 세례 안에 주어진 약속을 받는 조건 역시 '오직 믿음'이다. 오직 믿음만이 세례를 올바르게 받는 길이다. 세례는 인간의 일이 아니라 하나님의 일이기 때문에 믿음을 요구한다. 믿음은 영혼과 육체를 위해 세례에서 위로와 힘을 얻는다. 세례는 옛사람이 죽고 새사람으로 부활하는 것을 의미한다. 세례를 바르게 사용하는 방법은 세례에서 시작한 것을 삶 전체에 지속하도록 하는 것이다. 세례는 매일의 회개로 영향력을 지닌다. 회개는 세례의 반복과도 같다. 하지만 회개는 세례를 대체하는 것이 아니라 다시 세례로 되돌아가는 것이다. 제롬은 회개를 세례의 배가 파선된 후에 우리가 생명을 연장할 수 있는 '두 번째 널빤지'로 보았지만, 루터는 세례의 배는 절대로 파선하지 않는다고 강조한다. 세례는 하나님이 정하신 규정이지 우리 인간의 일이 아니기 때문이다. 우리가 배에서 이탈할 수는 있으나 다시 배를 바라보고 헤엄쳐 배로 되돌아갈 수 있는 것이다.

성만찬은 우리의 가치에 근거하지 않고 오직 하나님의 말씀에 근거한다. 성만찬의 효력과 목적은 죄의 용서에 있다. 성만찬은 죄의 용서를 가져다주고 영적인 시련을 겪는 영혼의 믿음을 강하게 해준다. 죄 용서의 약속은 오직 믿음으로 받을 수 있다. 동시에 믿음은 성만찬을 바르게 받는 준비 방법이다. 루터는 성만찬에 자주 참여할 것을 권하며 그 근거로 세 가지를 제시한다. 첫째, 성만찬 참여는 그리스도인들에게 주어진 그리스도의 명령이다. 둘째, 성만찬은 그리스도의 약속이다. 성만찬은 참여하도록 달콤하게 유혹하는 그리스도의 친절한 초청으로, 우리의 약함을 치료하는 약이다. 성만찬은 '당신의 영육을 돕고 생명을 주기 위해 치료하고 위로하는 약'이며 '인간 안에 있는 독을 치료하는 값진 해독제'이다.

> "성례 안에서 당신은 그리스도의 입에서 나오는 죄의 용서를 받는다. 죄의 용서에 하나님의 은혜와 성령 및 그의 모든 은사가 뒤따른다. 또한 죽음과 사탄과 모든 불행에 대한 방어와 보호, 그리고 능력이 필연적으로 뒤따른다."

셋째, 그리스도인 자신은 곤궁하기 때문이다. 육신을 가진 인간은 곤궁하며 세상 역시 우리를 곤궁하게 한다. 우리를 가장 곤궁하게 하는 존재는 사탄이다. 만일 우리가 곤궁함을 느끼지 못한다면 그것이야말로 가장 큰 곤궁함의 표시이다. 그러나 이러한 곤궁함을 깨닫고 성례에 대한 갈급함이 생긴다면 그것은 하나님이 주신 은총이다. 왜냐하면 오직 하나님만이 곤궁을 깨닫게 하고 성만찬에 대한 갈급함을 주시기 때문이다.

목회자와 평신도들이 날마다 공부해야 할 교리문답

루터에게 교리문답은 '평신도 성경'(WA TR 5,581,30~32)이다.[154] 그 안에 그리스도인들의 구원을 위해 필요한 가르침 전체가 담겨 있기 때문이다. 루터는 교리문답을 성서와 같이 완전한 것으로 여겼다. 교리문답은 그리스도인이라면 반드시 알아야 할 기독교의 기본적이고도 핵심적인 가르침이다. 교리문답의 내용을 모르는 사람은 그리스도인이라 할 수 없다. 어린아이들은 교리문답의 내용을 배워야 하고 부모는 이런 배움이 실제로 이루어지도록 돌봐야 할 의무가 있다.

교리교육의 중요한 의무는 무엇보다도 목회자에게 있다. 루터는 첫판 서문에서 교리문답 교육의 의무를 가장에게 부여했지만, 제2판 서문에서는 목사들에게 날마다 교리문답을 연구하도록 촉구했다. 루터는 성직자들이 교회 공동체를 교육하기에 앞서 스스로 먼저 올바른 기독교 가르침을 습득해야 할 필요성을 직시했다. 목회자들은 지속해서 『대교리문답』을 연구해야 한다. 이러한 관점에서 루터 연구가인 브레히트(M. Brecht)는 『대교리문답』을 '당시 목사들의 설교를 위한 신학적인 도움'이라고 특징지었다.[155] 목회자들은 평생 교리문답의 학생으로 머물러야 한다.

154) '어린이 설교 혹은 평신도 성경'(WA 30I,27,26).

155) M. Brecht, Martin Luther, vol. 2: Ordnung und Abgrenzung der Reformation 1521~1532 (Stuttgart, 1986), 273.

VII

종교개혁과 역사

AETHERNA IPSE SVAE MENTIS SIMVLACHRA LVTHERVS
EXPRIMIT AT VVLTVS CERA LVCAE OCCIDVOS
M·D·X·X·

30

1917년, 독일교회의 종교개혁 400주년 기념 - 종교개혁 기념의 정치적 도구화

종교개혁은 교회와 신학을 새롭게 변화시킨 종교적 사건인 동시에 종교 영역을 뛰어넘는 세계사적인 사건이기도 하다. 종교개혁은 루터가 1517년 10월 31일 "95개 논제"를 세상에 알린 사건에서 출발한다. 하지만 이날은 16세기 후반까지 특별한 역할이나 의미를 갖지 않았다. 루터의 종교개혁과 관련된 대부분 지역에서는 종교개혁의 시작을 루터가 태어난 날(11월 10일)이나 루터 세례일(11월 11일), 또는 루터가 세상을 떠난 날(2월 18일)에서 찾았고, 독일 남부에서는 "아우크스부르크 신앙고백서"를 제출한 날(6월 25일)을 종교개혁의 시작으로 보고 기념하였다.

그러다가 1617년 종교개혁 100주년에 이르러서야 루터가 95개 논제를 게시한 날에 맞춰 종교개혁을 기념하기 시작하였고, 오늘날까지 그 전통을 이어오고 있다. 종교개혁은 어떻게 기념해야 할까, 이를 위해 종교개혁이 정치적 도구화의 정점에 달한 독일교회의 종교개혁 400주년 기념에 관하여 살펴보자.[156]

156) 종교개혁 400주년 기념에 이르는 역사에 대해서는 권진호, "종교개혁 기념에 대한 역사",「신학논단」85 (2016), 7~36 참조.

종교개혁 400주년 기념의 역사적 맥락

1917년 종교개혁 400주년 기념 당시 독일 개신교인들은 매우 어려운 시기와 상황에 처해 있었다. 그때는 제1차 세계대전이 치러지던 막바지 시점이었고 세계사적 변혁의 시기이기도 하였다. 사실 이 전쟁은 그 이전의 전쟁들과는 비교할 수 없는 새로운 양상을 띠었다. 공포, 폭력, 파괴, 고난과 죽음이 난무했다. 전쟁 초기의 애국적인 도취는 이미 사그라들기 시작하였고, 그들 앞에 펼쳐진 참혹한 전쟁의 실상 앞에 전쟁 승리가 가져올 애초의 기대치는 수정되고 또 수정되었다. 어찌 보면 모든 수단을 동원하여 평화를 추구할 최적의 시간이기도 했다.

하지만 독일 개신교인 대다수는 이러한 도전을 받아들이지 않았다. 또한 이들은 전쟁의 경험에도 불구하고 1914년 전쟁 초기에 가진 기대와 입장을 수정하지도 않았다. 이런 분위기 속에서 1917년의 종교개혁 기념은 개신교의 민족주의적 전쟁 신학 아래에서 이루어졌다. 물론 독일 개신교 전체가 전쟁 신학을 따른 것은 아니다. 진보적인 정치인과 신학자들은 이러한 생각과 기대를 수정하려 시도하였다.

1917년 종교개혁 400주년은 오래전부터 계획되고 준비되었다. 또한 개신교의 위대함을 드러내기 위해 열병식으로 치르기를 기대하기도 했다. 하지만 현실을 수용하여 종교개혁 기념은 단지 소박한 수준으로 이루어졌다. 대신 '물량전'이라 불릴 정도로 종교개혁 주제에 대한 수많은 기고문, 주석, 다양한 출판물들이 기념주년에 맞춰 쏟아져 나왔다.

전쟁과 맞물린 1917년, 개신교가 전쟁과 종교개혁의 맥락을 어떻게 해석하고 있었는지는, 독일개신교위원회의 종교개혁 기념 논문집에 실린 다음 인용구에 잘 드러난다.

> "모든 정치적, 영적인 존재인 우리에게 이런 질문을 하고 있다. 종교개혁이 우리에게 준 것은 무엇인가? 어떻게 우리 독일인의 가장 심층적이고 최종적인 뿌리들이 그렇게 위대하고 빛나게 드러났는지를 우리는 이러한 전쟁 속에서 어느 때보다도 더 잘 깨닫게 된다. 이 전쟁에서 중요한 것은, 독일의 방식과 독일의 관습, 독일의 학문과 독일의 양심, 독일의 문화와 독일의 자유, 짧게 말하면 믿음과 고향, 복음과 독일, 종교개혁의 재산들이다."[157]

여기서 루터와 종교개혁은 독일이라는 존재와 뗄 수 없이 밀착된 관계임을 보여준다. 당시 독일 사람들은 루터와 종교개혁이 중요하다고 생각하는 자는 또한 독일을 위해 싸워야 한다는 의미로 해석하였다. 이렇게 루터 및 종교개혁과 독일 사이에는 나눌 수 없는 일체감이 형성되어 있었다. 다시 말하면 루터에게 중요한 일, 즉 종교개혁의 주된 관심사는 독일을 위한 전쟁 참여로 구체화 된 것이었다.

'독일인' 루터

종교개혁 400주년이 되는 시기에 루터는 이미 도처에 존재했다. 밖으로는 적 앞에, 안으로는 수백만에 해당하는 다양한 형태와 수준의 작품들을 통해 사람들에게 알려졌다. 1917년 종교개혁 기념에서 '독일

157) Die Reformation und das deutsche Volk. Festschrift zur Jahrhundertfeier der Reformation, im Auftrag des Deutschen Evangelischen Kirchenausschusses (Berlin, 1917), 3.

인'로서의 루터에 대한 선전은 최고조에 달했다. 그래서 종교개혁 400주년 기념일을 '루터 기념'이라고 불러도 무방할 정도로 모든 것이 루터라는 인물과 그의 사역에 초점이 맞춰졌다. 물론 루터를 바라보는 관점은 다양했다.

첫 번째는 독일인 루터를 강조하는 관점이다. 저명한 종교개혁사가 슈베르트(Hans von Schubert)는 "다른 민족들의 본질과 다르게 독일의 본질을 루터보다 더 순수하게 서술하는 인물이 있을까?"라고 물으며 다음과 같이 말한다. "그러므로 인간 루터는 단지 개신교인들에게만 속하는 것이 아니라 모든 독일인에 속한다. 그의 자신감 넘치는 인격 자체는 민족적인 소유물이요, 우리 문화의 한 부분이다."[158] 하르낙(Adolf von Harnack)도 종교개혁 기념에 대한 베를린의 기념 논문집에서 "비로소 루터가 독일의 정신을 일깨웠다"라고 말하며 루터를 독일인들의 '아버지'이자 '원형'으로 표현했다.[159]

또한 루터는 힌덴부르크 장군과 더불어 커다란 위기의 시대에 독일을 구한 구원자로 간주되었다. 전쟁이 시작된 지 몇 년째 되는 가을, 독일인들은 전쟁에서 이기기 위하여 하나님에 대한 신뢰와 불굴의 투쟁 의지를 가진 루터를 모범으로 삼은 것이었다.

그런데 이러한 경향보다 더 크고 날카롭게 울리는 어조가 있었다. 1917년 베스트팔렌 대중 달력에 있는 시에서 그것을 찾아볼 수 있다.

---

158) Luther und seine lieben Deutschen. Eine Volksschrift zur Reformationsfeier (Stuttgart/Berlin, 1917), 157.

159) Martin Luther und die Grundlegung der Reformation. Festschrift der Stadt Berlin zum 31. Oktober 1917 (Berlin, 1917), 51.53.

루터 영웅이여, 당신은 모루에 서 있도다,
분노하여 꾸짖는 소리에 헐떡이면서.
그리고 우리 모든 독일은 당신과 한 편이고
당신 대장간의 조수입니다 …
우리는 단련시키고 또 계속하여 단련시킵니다,
모든 독일, 우리와 루터 당신이
독일의 돈과 철을.
그리고 세상이 폐허로 붕괴되면,
독일의 전쟁연대기(deutsche Schwertschrift)에는
"그럼에도 제국은 우리 곁에 머물러야만 한다"라고 쓰일 것입니다.[160]

이 시는 루터관의 큰 변화를 보여준다. 즉 망치를 휘두르는 대장장이 루터가 이제부터는 독일의 우레신의 특징을 갖게 된다. 비텐베르크 성교회의 문은 철상이 되고, 이 위에서 루터는 독일의 새로운 제국을 단단히 지켜가게 된다. 이렇게 루터는 개신교의 기억문화의 세계를 뛰어넘어 독일의 신화가 된 것이다.[161]

'인류를 위한' 루터

두 번째는 온 인류에 속해 있는 루터의 모습이다. 칼 홀(Karl Holl)은 독일인으로서의 루터를 단호하게 거부한다. 그는 "루터는 단지 우리에게만 속한 것이 아니라 인류에 속해 있다"고 베를린 대학교에서 강

160) Westfäl. Volkskalender 1917, 33.

161) 이에 대한 적절한 예로 비텐베르크 성교회의 문이 1858년부터 철로 만들어졌다는 사실을 들 수 있다. 루터의 망치소리가 크게 울려 퍼져 온 세계가 이 소리를 들을 수 있게 되었기 때문이다. 참조. H. Lehmann, Luthergedächtnis 1817 bis 2017 (Göttingen, 2012), 30.

연하였다.[162] 동시에 그는 신학자로서의 루터를 강조하며 근대적인 인간의 새로운 종교적 자기이해의 발견을 1917년 종교개혁 기념의 중심으로 삼았다. 루터에게서 결정적인 것은 민족적인 영웅이거나 독일적인 것이 아니라 신학, 즉 복음의 선포임을 강조하였다. 그리고 칭의론이 다시금 루터 이해의 중심이 되었다. 칭의론은 기원적인 관점에서는 루터의 종교개혁의 시작에 서 있으나, 조직적인 면에서는 그의 신학 중심에 있다는 것이다. 루터에 대한 이러한 이해를 통하여 홀은 동시대에 활동한 칼 바르트의 변증법적 신학과 나란히 서서 '루터 르네상스'로 불리는 신학의 선구자가 된다. 신학자 트뢸치(Ernst Tröltsch) 역시 "종교개혁 기념에 대한 진지한 생각"(Ernste Gedanken zum Reformations-Jubiläum)에서 루터에게서 독일적인 것은 주요 사안이 아니고 오히려 복음, 영혼과 영혼의 공동체에 대한 종교적인 설교가 중요하다고 보았다. 이 신학자들은 루터를 독일인으로 축소시키고 날조하는 것에 저항하며, 신학자이자 그리스도인인 루터에 대해 고백하고자 하였다. 그래서 교회사가 마론(G. Maron)은 루터를 독일인으로 제한하고 왜곡하는 것에 대한 저항이 '루터 르네상스'의 결정적인 계기라고 주장한다.

아쉽게도 1917년 종교개혁 기념 전체로 볼 때, 이러한 주장과 소원은 성취되지 못하였다. 종교개혁 400주년에 대한 기념이 어느 때보다도 더 직접 정치에 이용되고 독일 전쟁의 정치화에 기여하였다. 종교개혁과 루터가 민족주의의 도구로 이용되었다.

---

162) Karl Holl, "Was verstand Luther unter Religion?", Gesammelte Aufsätze zur Kirchengeschichte, vol. 1: Luther (Tübingen, 1923), 110.

종교개혁 기념의 정치적 도구화를 주의하라

1617년 시작된 종교개혁 기념은 오늘에 이르기까지 세계 곳곳에서 치러지는 전통이 되었을 뿐만 아니라, 일정한 시간 간격을 두고 사건을 기억하면서 현재화시키고 현재를 위한 의미를 숙고하게 하는 역사적인 사건이자 기념이 되고 있다. 기억되고 기념된 과거는 현재 삶의 새로운 영상이다. 과거는 오늘날 당면한 중요한 문제들을 해결하기 위한 모범을 제시한다.

하지만 과거 종교개혁 기념의 역사를 회고하는 것이 우리에게 동기와 기쁨만 주는 것은 아니다. 지금까지의 루터와 종교개혁에 대한 기념들은 매우 정치화되었다. 무엇보다도 1917년 종교개혁 기념에서는 전쟁이라는 정치적 상황을 극복하기 위하여 루터가 독일인이자 독일인의 구원자로 여겨지고 기념되었다. 루터의 생애와 행위는 (교회)정치적, 역사적인 관심사를 표현하기 위해 해석되어 사용되었고, 그의 95개 논제는 수백 년을 거쳐 주저 없이 도구화되었다.

지나간 사건을 기억하고, 그 역사적인 사건을 해당 시기의 국한된 맥락을 넘어 현재와 연관지어 현실적인 의미로 해석하고자 하는 일은 중요하다. 다만 1917년 400주년 종교개혁 기념에서 종교개혁과 루터가 민족주의적인 도구가 되거나 정치적으로 과도하게 이용된 예는 오늘날 우리에게 역사적 대상을 결코 이용 대상으로 삼아서는 안 된다는 것을 경고해 준다. 종교개혁 기념의 역사가 보여주는 것처럼 루터가 영웅화, 신화화, 전설화되어서는 안 될 일이다. 루터의 신학과 주장이 (교회)정치적, 역사적 관점에서 도구화되지 않고 그가 추구한 본질에 맞게 적용되도록 고민해야 할 것이다.

31

종교개혁의 동력, 성경번역

종교개혁자 루터를 특징짓는 중심 표상은 성경이다. 19~20세기에 루터를 묘사하는 그림이나 초상화에는 루터가 성경을 손에 들고 있는 모습이 자주 나타난다. 성경이 루터에 대한 결정적인 인식의 표시로 자리 잡고 있음을 알 수 있다.

성경은 루터에게 생명과 같은 책이었다. 인생의 문제에 대한 해답을 성경에서 찾고자 한 것이 루터의 특징이다. 또한 그의 종교개혁은 성경에서 시작하고, 발전하고, 완성되었다. 그런 루터에게 신학이란 성경, 하나님 말씀에 대한 해석이었다. 그는 성경을 근본적인 하나님 말씀으로 여기고 기독교 신앙의 근거이자 척도로, 그리고 그리스도인 삶의 규범으로 높이 평가하였다. 이것은 그가 성경번역을 평생의 과제로 삼고 작업을 했다는 사실에서 드러난다.

루터와 성경

루터는 20세가 되어서야 에어푸르트 대학에서 성경을 처음으로 읽었고, 1505년 어거스틴회 수도원에 들어간 이후 불타는 열망으로 성경을 집중적으로 읽었다. 1512년 10월 신학박사가 된 이후에는 비텐베르크 대학에서 성서학 교수직(lectura in biblia)을 맡아 평생 성서를 강의하였다.

그의 신학적 사고는 성경에 대한 주석을 바탕으로 이루어졌다. 루터의 신학적 방법은 성경주석이고, 그는 성경의 언어로 사고하는 신학자였다. 그는 수도원 시절부터 성경에 관심과 호기심을 가지고 성경을 "읽고 다시 읽고 또 한 번 읽었다."[163] 이것은 단지 철학적 유형의 앎에 대한 갈증보다는 성경이 인간의 삶의 근본적인 질문에 대한 해답을 준다는 확신 때문이었다. 루터는 수년간 성경을 개인적으로 읽었고 30년 이상 교수로서 성서연구를 했다.

루터의 성경번역

종교개혁이 기독교에 준 값진 선물은 모든 그리스도인의 손에 성경을 들려준 것이다. 학자였던 루터는 라틴어 성경으로 만족할 수도 있었지만 이 성경은 평신도들에게 접근이 불가능했다.

제국추방령으로 바르트부르크(Wartburg)성에 피신해 있던 루터는 1521년 12월 초 며칠간 비텐베르크를 은밀하게 방문하였다. 이때 그의 동료가 신약성경의 독일어 번역을 요청하였고, 그는 이 요청에 따라 번역작업에 착수하였다.

추측건대 루터는 바르트부르크에서 1521년 12월 중순에 번역작업을 시작하여 1522년 2월 말에 마쳤다. 신약성경 번역을 80여 일 안에 마친 셈이다. 루터는 에라스무스(Erasmus von Rotterdam, 1466~1536)가 편집한 헬라어 신약성경(Instrumentum Novi Testamenti[164]) 본문을 단지

163) WA TR 3, Nr. 3767 (O. Clemen ed., Luthers Werke in Auswahl, vol. 8, 162). "… incepi legere, relegere et iterum legere bibliam."

164) 이것은 1516년에 에라스무스에 의해 바젤(Basel)에서 처음으로 편집되어 인쇄된 헬

몇 권의 책만을 번역 도구수단으로 사용하여 번역하였다. 진실로 이 일은 기적과도 같은 일이었으며 루터의 탁월한 성경 지식, 신학적인 판단능력, 그리고 언어 창조적 능력이 있었기에 가능하였다.

1522년 3월 비텐베르크로 돌아온 이후, 루터는 성경번역본을 멜란히톤과 함께 다시 한번 검토하였고, 5월에 인쇄작업에 들어갔다. 완성된 책은 9월 29일에 시작한 라이프치히 가을 박람회에 진열되었다. 이 성경은 9월에 출판되었기에 흔히 『9월 성경』이라 불린다. 이 성경에는 세 가지 주요한 특징이 있다. 먼저 신약성경 전체 및 각 권에 신학적으로 중요한 서문이 있다. 또한 각 권의 책에 병행 구절과 주석을 포함하는 여백주기가 추가되어 있으며, 이해하기 어려운 요한계시록에는 21개의 크라나흐의 목판화가 포함되어 있다. 이렇게 출간된 첫 신약성경인 『9월 성경』은 신속하게 완판되어 1522년 12월에 수정된 재판이 나왔다(『12월 성경』).

신약성경이 나온 지 12년 후인 1534년에 신구약 전서가 출판된다. 1522년 신약성경이 인쇄되는 동안 루터는 구약성경 번역작업에 착수하였다. 먼저 모세오경이 1523년에 구약의 첫 부분으로 출판되고, 다음으로 역사서, 그 후에 시가서가 1524년에 각각 출판되었다. 그리고 1526년부터 1530년까지 선지서들이 번역되어 1532년에 선지서 전체가 한 권으로 인쇄되고, 1533년에는 외경이 인쇄되었다. 이러한 번역작업에는 멜란히톤 외에도 요나스(J. Jonas)와 크루치거(C. Cruciger)가 함께 참여하였다.

라어 성서로 헬라어 원문과 더불어 라틴어 번역 및 주해를 포함하고 있다. 루터는 신약성서 번역에 이 책의 제2판을 사용하였다.

성경 번역은 놀랄만한 성공을 거두었는데 인쇄 부수로 확인할 수 있다. 신약성경이 처음으로 인쇄된 1522년부터 루터가 세상을 떠난 1546년까지 표준독일어 성경전서 혹은 부분 성경이 300판 넘게 출판되었다. 1판의 인쇄 부수를 보통 2000개로 계산해 보면 출판된 성경의 총수는 600,000권이나 된다. 저지독일어 성경은 430판으로 이것은 거의 100만 권 가까이 출판되었음을 의미한다. 이것은 근대 초기의 출판이라는 점을 고려하면 엄청난 숫자였고 다른 어떤 책과도 비교할 수 없는 성공적 출판이었다.

루터의 성경번역 연표

1517년	일곱 참회시편(시편 6, 32, 38, 51, 102, 130, 143)의 번역 및 인쇄
1521~1522년	루터가 바르트부르크에서 11주 안에 신약을 헬라어에서 독일어로 번역함
1522년	9월에 번역된 루터의 신약성서가 루카스 크라나흐의 21개 목판화와 함께 출판됨(소위 『9월 성서』). - 5000부 인쇄. 3개월 후 개정판 나옴(『12월 성서』)
1523~1534년	구약 개별적인 부분들 번역 및 인쇄
1531년	시편의 최종판
1534년	가을에 비텐베르크에서 표준독일어로 된 성경전서 제1판이 나옴. 이미 봄에 뤼벡에서는 루터의 성경이 저지독일어로 나옴
1539~1541년	루터의 동료들이 성경 전체를 새로 개정함
1541년	개정 작업한 성경을 출판함 (제목: Die gantze Heilige Schrift / Deudsch / Auffs new zugericht). - 1500부 인쇄
1545년	루터의 생전 시 마지막 판

루터의 성경에는 성경 이해를 안내하는 독특한 장치가 있는데 바로 "성경 서문"이다. 신·구약 성경과 개별적인 각 권에 대한 서문은, 성경 전체와 각 권에 대한 이해와 접근을 쉽게 하고 독자에게 지금까지의 잘못된 해석에서 벗어나 성서 복음의 핵심, 즉 그리스도에 관한 복음으로 인도하는 목적을 갖는다.

루터의 성경번역의 의미

루터가 엄청난 성경번역을 그렇게 짧은 시간 안에 할 수 있던 원동력은 무엇이었을까? 사실 루터는 신약성경을 약 15년 동안 집중적으로 읽었고, 설교와 강의를 위해 성경을 철저하게 주석하였고, 많은 작품에서 성경을 인용하였다. 최종적으로는 바르트부르크에서 은둔생활을 하면서 다시 철저하게 성경을 공부하였다.

1530년에 저술한 『번역에 관한 공개서한』에서 루터는 자신이 어떻게 성서를 번역하였는지 설명한다. 그는 바른 번역을 위해 길거리에서 사람들이 어떻게 말하는지를 주목하였다.

> "우리는 집 안에 있는 어머니에게, 거리에 있는 아이에게, 시장에 있는 평민에게 물어야 하고 이들이 어떻게 말하는지 그들의 입술을 보아야 한다. 그런 후에 번역해야 한다."[165]

이것은 성서의 말이 결코 세상과 동떨어져서는 안 되고, 사람들이

---

165) K. Bornkamm et al. ed., Martin Luther. Ausgewählte Schriften, vol. 56 (Frankfurt: Insel, 1982), 148.

그것을 들을 때 명확하고 구체적이어야 한다는 사실을 보여준다. 이러한 번역을 통해 루터는 성경의 복음을 현재로 가져왔다.

그는 성경이 마치 어제 쓰인 것처럼 읽히도록 번역하고자 노력했다. 그가 기독교에 가져다준 최고의 위대한 업적 가운데 하나는 누구나 사용하는 언어로 성경을 번역하여 누구나 읽을 수 있도록 만들었다는 사실이다.

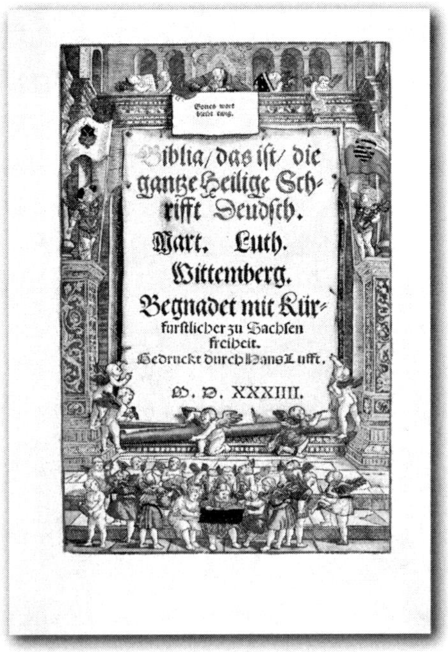

1534년 루터의 독일어 신·구약전서 첫 쪽.
출처: Wikipedia

오늘날 신앙인들에게 최고의 즐거움은 무엇이어야 할까? 바로 성경을 가까이하는 일이어야 한다. 루터는 평생 성경과 씨름하며 읽고 번역하고, 또한 그 번역한 것을 더 정확하고 더 읽기 쉽게 표현하려고 평생 수정작업을 하였다.[166] 성경의 사람, 루터의 노력이 오늘날 우리에게서 값진 열매를 맺기 위해서는, 그가 우리 그리스도인에게 선물한 값진 보물인 성경의 가치와 의미를 재발견하는 것이 필요하다.

---

166) 루터는 동료 학자들과 함께 번역본을 비판적으로 수정하는 작업을 줄곧 하였다. 시편 번역 재판의 경우 1531년에 처음으로 개정위원회가 소집되었고, 여기서 이루어진 작업의 결과는 그 이후의 성경 출판에 적용되었다. 개정위원회의록 작성은, 루터 말년에 성경의 최고 교정자로 활동한 뢰러(Georg Rörer)가 담당하였다.

32

종교개혁과 수도원 제도

수도원 제도는 교회 역사에서 경건과 영성의 대표적인 형태이다. 1000년 이상 교회와 그리스도인의 경건과 영성에 자양분을 제공한 수도원 제도는 중세 교회를 떠받친 기둥이기도 하다. 하지만 이 제도는 루터의 종교개혁을 통해 송두리째 흔들리는 변혁을 겪게 되었다. 루터는 이러한 상황을 다음과 같은 말로 요약하여 표현한다.

> "수도사들은 복음의 가르침을 통해 몰락하였고 다시는 일어서지 못할 것이다. 칭의에 관한 가르침이 존재하는 한, 누구도 수도사가 되려고 하지 않을 것이기 때문이다."[167]

수도원 제도와 종교개혁의 관계에 대해 살펴보자.

수도사 루터

루터의 종교개혁은 사실 수도원 제도에서 비롯되었다. 그의 생애 관점에서 보면 더욱 자명한 사실이다. 루터는 23년 동안 수도사였다. 그것은 그의 인생 약 1/3 정도를 차지하는 22~42세에 해당한다. 루터

---

167) "Monachi passi sunt ruinam per doctrinam euangelii, unde non sunt iterum resurrecturi, nam manente articulo iustificationis wirdt niemandt leichtlich ein munch werden" (WA TR 5,454, Nr. 6041).

가 수도원과 관계를 맺은 것은 에어푸르트에서의 수도사 생활부터이다. 그는 1505년 7월 17일 에어푸르트에 있는, '검은 수도원'으로 불리는 어거스틴 수도회에 들어갔다. 그의 회상에 따르면 그는 자신의 수도원에서 최고의 수도사였고, 교단에 속한 사람으로 자기 신학과 영적인 삶을 실천했다.

어거스틴회 수도사 루터(1520).
출처: Wikipedia

루터는 비텐베르크 대학의 교수와 종교개혁자로서 활동하던 생애 초기부터 수도원 제도의 문제점을 신학적인 관점에서 비판하였다. 수도원 제도와 그 문제를 다룬 가장 중요한 작품은 『수도사 서약에 관한 판단』(De votis monasticis iudicium)[168]이다. 루터는 이 작품을 1521년 11월, 10여 일간 저술하였는데, 이것은 바르트부르크성에서 무언가에 홀린 듯 왕성하게 저술하던 시기의 대표적인 작품 가운데 하나이다. 이 작품은 수도사 서약에 관한 루터의 최종적인 판단이자 신학적인 선언으로, 여기서 그는 수도원 제도의 문제점을 논증하였다. 1522년 이 작품의 출간으로 수도원 삶에 관하여 공적인 토론이 시작되었고, 그 결과 수도사가 수도원을 이탈하는 현상과 수도사나 수녀가 과감하게 결혼하는 현상이 발생하였다. 이 작품은 말 그대로 종교개혁운동의 핵심적인 작품이라고 볼 수 있다.

---

168) WA 8,573~669.

루터는 오랜 심사숙고 끝에 수도사 서약이 신학적으로 오류가 있다고 판단하며 당시 일반적으로 구원을 얻는 특별한 길로 여겨진 수도사 서약과 수도원의 삶을 비판하였다. 그는 수도사 생활의 의미와 적절성을 거부하는 다섯 가지 근거를 제시한다. 첫째, 수도원 생활이나 수도사 서약은 성서에 근거한 것이 아닌, 인간이 만들어 낸 것이다. 루터는 '오직 성서'(sola scriptura)의 원칙에 따라 성서의 권위를 내세우며 성서에 기초하지 않은 수도원 제도는 위험할 뿐만 아니라 오히려 배척해야 한다고 강조한다. 둘째, 수도원 생활은 성서에 근거가 없고 단지 율법을 부과하는 것으로 행위의 의를 좇게 한다. 구원은 거룩한 행위가 아니라 믿음으로 이루어지기 때문에, 수도원 삶은 하나님 앞에서 아무것도 아니며 불필요하다. 루터는 바울의 말(롬 14:23)을 인용하며 수도사 서약이 믿음에서 나오는 것이 아니라면 그것은 죄일 수밖에 없다고 강조한다.

루터는 '오직 성서'와 '오직 믿음'이라는 두 가지 원칙만으로도 수도사 서약에 관한 판단을 내리기에 충분했지만 계속하여 세 가지 논증을 이어간다. 셋째, 수도사를 구속하는 서원을 하도록 하는 것은 세례받을 때 주어진 복음적인 자유에 역행한다. 세례와 더불어 의롭게 된 그리스도인의 양심은 자유롭다. 이러한 그리스도인의 자유를 포기하는 것은 믿음을 부인하고 믿음에서 떨어지게 하는 것이나 다름없는데, 이 일이 수도사 서약에서 이루어지는 것이다. 루터학자 로제(B. Lohse)에 따르면 루터는 이 단계에서 수도사 서약과 복음적인 자유가 서로 모순된다는 사실을 확증함으로써 수도사의 이상을 신학적인 관점에서 최종적으로 거절한다. 물론 루터가 수도사나 수도원 제도가 더 이상 필요 없다고 본 것은 아니다. 다만 수도사의 삶은 하나의 직업이며 세상의 어떤 직업과도 차이가 없다는 것이다. 넷째, 수도사의 삶은 하나님의 계명에 위반된다. 그 삶은 이웃을 섬길 수 없으므로 이웃사랑 계명에 어긋나고, 부모에 대한 순종 계명과도 맞지 않는다. 마지막으로 수도원 제도는 이성에 어긋난다. 이성은 영적인 진리나 하나님에 관해서는 알 수 없지만, 무엇이 진리가 아니고 무엇이 하나님의 뜻과 맞지 않는지는 알게 한다. 성(性)에 대한 본성적인 직감을 가진 이성에 수도사 서약은 어긋나는 것일 뿐이었다.

수도원 제도에 대한 루터의 비판은 루터 자신에게서 기인한 것이다. 그 결정적인 요소는 바로 칭의론이다. 그는 새롭게 깨닫게 된 칭의론에 근거하여 수도사의 삶이 갖는 공로적인 성격과 수도사라는 존재가 종교적으로 특별한 가치가 있다는 견해를 반박하였다. 또한 수도사 서약과 그 실행에서 신학적 오류를 찾아 비판하였다. 루터는 하나님 요구의 절대성을 의심하지 않았으나, 이러한 요구의 성취는 오직 믿음으로 가능하다는 사실, 다시 말해 오직 믿음만이 하나님과 관계를 맺는 유일한 수단임을 확신했다. 칭의론의 관점에서 보면 수도사 신분은 영원한 서약을 통해 행위의 의에 빠지기 쉬웠다. 결국 수도원 제도는 루터가 새로 깨닫게 된 복음의 빛에서 볼 때 영속할 수 없는 전통적인 교회 제도들 가운데 하나에 불과한 것이었다.

1524년 10월 9일, 수도사복을 벗고 설교단에 서면서 루터는 수도사의 삶을 끝냈다. 이후 1525년 6월 13일 결혼을 통해 순결서약을 파기하고 수도원 제도에 최종적인 이별을 고했다.

수도원 제도에 대한 루터의 비판의 영향

1) 수도원 이탈

수도원 제도에 대한 루터의 급진적인 비판이 종교와 사회에 끼친 영향 중 가장 큰 것은 수도원 이탈 현상이었다. 1522년경부터 수도사와 수녀들의 수도원 이탈 현상이 대량으로 시작되었다. 종교개혁은 수도원 비판을 통해 수도사와 수녀들의 정체성에 회의를 불러일으켰다. 수도원의 대량이탈에 따라 당시 많은 수도원들이 텅 비었고, 한때 수도사였던 자들이 여러 도시의 종교개혁 운동에 적극적으로 참여했다.

종교개혁의 결정적인 주체는 성직자들이었고, 여기에는 한때 수도사였던 자들이 포함된다. 예를 들어 헤센주에서 종교개혁 첫 세대 개신교 목사들 가운데 76명이 한때 수도사였던 자들이다.[169] 종교개혁의 수도원에 관한 전문적 연구가인 쉴링(Johannes Schilling)은 “수도원 제도가 없었다면 종교개혁은 없었을 것이다”라고까지 주장한다.

2) 수도원 해체 및 폐지

개신교의 제후들과 자유도시들은 수도원의 행위 구원에 종결을 고하고 루터의 종교개혁 신학에 따라 세상 통치권을 가지고 수도원 해체를 결의하여 실행하였다. 이와 달리 가톨릭 신앙을 가진 제후들은 자기 통치 영역에서 결혼한 사제들, 수도원을 떠난 수도사와 수녀들

169) 참조. J. Schilling, Klöster und Mönche in der hessischen Reformation (Gütersloh: Gütersloher Verlagshaus, 1997), 228 이하.

을 매우 엄중하게 처벌하였다. 이로 인해 이들은 종종 자신이 살던 지역에서 달아나 개신교 통치 영역에서 보호를 받기도 하였다.

1524년 이후 개신교 지역에서는 다소 규칙적이고 일관된 개혁이 이루어졌다. 현존하는 수도원들이 개신교 제후의 재량에 맡겨졌고, 수도의 길을 걷고자 하는 이들이 수도원에 들어가는 것은 금지되었다. 종교개혁으로 인해 수도원이 사라져 여러 도시에서는 '인구통계학적 구조에서 충격'이라 불릴 만큼 종교인의 수가 급감하였다.[170]

3) 수도원 사용용도 변경

개신교 제후의 통치 영역에서는 1526년 헤센(Hessen)주에서 홈베르크(Homberg) 회의로 결정된 것처럼, 수도원 재산의 목록이 작성되고 수도원에 남아있는 자들은 부양되었다. 또한 헤센주에서는 람베르(François Lambert)의 주도로 새로운 용도의 기관들이 설립되었는데, 공동금고 마련, 학교 신설, 마르부르크(Marburg) 대학교 설립 등이 바로 그 구체적인 사례이다.

루터는 이미 1520년 작품『독일 귀족 그리스도인들에게 보내는 글』에서 수도원을 다시 원래의 규정에 따라 학교로 만들어 "그 안에서 성서와 기독교 방식으로 훈육하고, 사람들을 치리하며 설교하는 법을 교육하자고" 주장하였다. 이러한 주장은 실례로 마르부르크 대학교의 설립으로 실현되었다.

---

170) 종교개혁이 이루어진 제네바에 종교개혁 이전에는 400명의 종교인이 있었으나 종교개혁 이후에는 단지 10~20명의 종교인이 존재했다. 이러한 상황은 슈트라스부르크(Strassburg), 뉘른베르크(Nürnberg), 로스톡(Rostock) 같은 독일의 개신교 지역도 마찬가지였다.

4) 수도원 삶의 유지

수도원 제도에 대한 루터 입장이 항상 부정적인 것은 아니었다. 루터는 (영원한) 서약 없이 복음적인 자유 안에서 이루어지는 수도원 삶은 때에 따라 필요하다고 인정했다. 이러한 루터의 견해에 따라 니더작센(Niedersachsen), 샤움부르크(Schaumburg), 베스트팔렌(Westfalen)에 있는 몇몇 수도원과 재단은 계속 유지되었다. 이들은 귀족의 미혼 여성과 과부들을 부양하는 역할을 하여 사회적인 문제 해결에 이바지했다. 종교개혁에 가장 강하게 반발한 곳은 당연히 수녀원이었다. 종교개혁을 지지하는 수도사는 개신교로 개종하여 목사로서 활동할 수 있었으나, 수녀들은 시대 여건상 일할 수 있는 상황이 아니었기 때문이다. 그래서 종교개혁이 일어난 여러 지역에서 수녀원들은 폐지되지 않았고, 종교개혁의 거센 물결 속에서도 존속했다.

또한 개신교 영역에서도 드물기는 하지만 개신교 당국의 힘으로도 해체할 수 없는 수도사와 수녀들이 존재했다. 개신교 지역이 된 곳에서 수도원의 삶은 원칙적으로 종말을 고했지만, 몇몇 수도원들은 실제로 예전과 같이 유지되었다. 이들은 옛 교단의 규칙과 관련된 것들, 즉 수도원장에 대한 순종, 독신, 정시기도, 복장 규정을 지켰다. 물론 세속 그리스도인의 존재보다 그들이 우월하다는 생각은 더 이상 존재하지 않았다. 바른 수도원 제도에 대한 루터의 생각이 실제로 실현된 것이다.

33

종교개혁과 인쇄

종교개혁자 루터는 1518년 이전까지는, 갓 설립된 비텐베르크 대학(1502년 설립)의 무명 교수이자 수도사에 불과했다. 그런 그가 빠른 속도로 비텐베르크를 넘어 독일과 전 유럽에 널리 알려져 1518년 말에는 독일에서 가장 유명한 사람이 되었다. 95개 논제 공포 이후 1518년 초기부터 루터의 작품은 대규모로 전파되기 시작했는데, 1519년 말까지 인쇄된 작품은 라틴어 작품 25개, 독일어 작품 20개를 포함하여 총 45개나 된다. 작품 대부분은 그리스도인의 구원과 믿음을 다루고 그리스도인의 삶을 새롭게 규정하고 형성하게 하는 것이었다.

『면죄부와 은혜에 관한 설교』(1518).
출처: Wikipedia

루터의 성공적인 첫 작품은 『면죄부와 은혜에 관한 설교』(Sermon von Ablass und Gnade)이다. 이 설교는 1517년 10월 31일, 95개 논제를 게시한 날에 비텐베르크 어거스틴 은둔자수도원에서 전한 설교의 중심사상을 예리하고도 간결하게 정리한 것으로, 1518년 2월 비텐베르크에서 처음 출판되었다.[171] 이 소책자는 첫판이 나오자마자 베스트셀러가 되었고, 이것으로 루터의 유명세는 시작되었다.

이렇게 출판을 통해 루터의 사상이 신속하게 전파되고 수용된 사실은, 인쇄술이 종교개혁에 크게 이바지하였음을 분명하게 보여준다. 다시 말해 루터의 신학과 종교개혁 사상이 독일 전역으로 그렇게 빨리 전파되고 대중적인 관심의 중심에 서면서 종교개혁 운동으로 전개된 것은 본질적으로 종교개혁사상의 내용에 기인하지만, 또 하나의 중요한 요인은 인쇄술 덕분이라고 볼 수 있다. "책이 없었다면 종교개혁은 없었을 것이다"라는 유명한 주장은 바로 이 때문이다.[172]

소책자

종교개혁 시기에 가장 흔한 인쇄물은 책보다 규모가 작은 소책자(pamphlet/ Flugschrift)였다. 종교개혁 초기에 소책자가 얼마나 인기가 있었는지는 당시 인쇄된 인쇄 판수와 발행 부수로 알 수 있다. 쾰러(H.-J. Köhler)는 1500~1530년 사이에 독일어 사용지역에서 출판된 소책자(초판 및 재판 포함)가 대략 10,000개에 달한다고 주장한다. 발행 부수는 평균적으로 1,000부 정도 되었는데, 이것에 근거하여 쾰러는 16세기 초반 30년 동안 약 1,000만 부의 소책자가 1,200만 신성로마제국의 국민에게 퍼졌을 것으로 추정한다. 당시 독일의 인구 5% 정도만

171) WA 1,239. - 이 소책자는 전체 7페이지로 되어 있는데, 1519년까지 22판이, 1520년에 4판이 출판되었다.

172) 인쇄가 종교개혁의 매개체가 되었음은 사실이지만, 종교개혁이 인쇄술에만 의존했다는, 즉 인쇄술(책)이 없었다면 종교개혁은 일어나지 않았을 것이라는 사실은 반쪽진리라는 것이 일반적인 견해이다.

이 해득자(解得者)였음을 고려하면 해득자 개인당 약 15부의 소책자를 가진 셈이다. 이 시기에 나온 소책자 중 대략 4분의 3(73.9 퍼센트)이 1520~1526년 사이에 나왔고 대부분 종교개혁 운동과 관련되었다. 7년 동안 6,000여 종의 소책자가 660만 부수 이상 출판되었다.[173]

이 시기 소책자들의 내용은 주로 교회와 종교에 관한 신학적인 것이었다. 초기에 널리 퍼진 소책자들은 내용상 신학적으로 동질적이며 루터의 핵심적인 언급과 매우 일치한다. "인간은 자신의 힘으로는 구원을 얻을 수 없으며, 우리는 성경에서 진리를 얻고 기존 교회의 제도와 관습을 혐오해야 한다"는 내용이 대부분 소책자에서 주장되었다.[174]

소책자 작가 대부분은 한때 로마 가톨릭 사제나 수도사들이었던 자들로, 신학적인 문제에 어느 정도 익숙하고 적어도 약간의 교육을 받은 사람들이었다. 이들 중에는 1525년까지 100여 개의 소책자(재판 포함)를 출판할 정도로 성공하며 종교개혁을 주도한 인물이 루터를 포함하여 다섯 명에 이른다. 인쇄된 작품 중 가장 많이 인쇄된 것은 물론 루터의 작품들로 1518~1525년까지 287(독일어 책자 219)개의 소책자, 총 170만 부 정도가 인쇄되었다. 종교개혁의 새로운 가르침을 전파하고 선전하는 일에 한때 로마 가톨릭의 성직자와 수도사들이었던 자들 다수가 참여했다.

---

173) H.-J. Köhler, "The Flugschriften and their Importance in Religious Debate: A Quantitative Approach", Paola Zambelli ed., 'Astrologi hallucinati': Stars and the End of the World in Luther's Time (Berlin: Walter de Gruyter, 1986), 154~155.

174) B. Moeller, "Die frühe Reformation als Kommunikationsprozeß", Luther-Rezeption (Göttingen, 2001), 79~80.

1518~1525년까지 종교개혁자들의 출판물 현황[175]

종교개혁자	합계(재판 포함)	독일어	라틴어
Martin Luther (1483~1546)	287(1747)	219(1465)	68(272)
Philipp Melanchthon (1497~1560)	70(253)	23(71)	47(182)
Andreas B. von Karlstadt (1486~1541)	63(160)	47(125)	16(35)
Johannes Oekolampad (1482~1531)	54(113)	19(42)	35(71)
Ulrich von Hutten (1488~1523)	43(109)	18(41)	25(68)
Urbanus Rhegius (1489~1541)	35(87)	28(77)	7(10)
Johann E. von Günzburg (1465?~1533)	37(63)	36(62)	1(1)
Huldrych Zwingli (1484~1531)	47(87)	34(70)	13(17)
Wenzeslaus Linck (1483~1547)	26(53)	26(53)	-
Jakob Strauss (1483?~1530?)	16(42)	16(42)	-
Heinrich von Kettenbach (?~1524?)	9(45)	9(45)	-
Hartmuth von Cronberg (1488~1549)	15(32)	15(32)	-
Johannes Bugenhagen (1485~1558)	25(88)	14(45)	11(43)
Martin Bucer (1491~1551)	7(8)	6(7)	1(1)
Wolfgang F. Capito (1478~1541)	15(24)	8(14)	7(10)
Thomas Müntzer (1489?~1525)	10(18)	10(18)	-
Hans Sachs (1494~1576)	15(51)	15(51)	-
Balthasar Hubmaier (1485~1528)	8(13)	7(12)	1(1)

175) Alejandro Zorzin, Karlstadt als Flugschriftenautor (Göttingen: Vandenhoeck & Ruprecht, 1990), 24.

소책자의 작가는 대부분 신학자였고, 평신도는 여성을 포함하여 작가의 약 20%를 차지하였다. 평신도 작가들은 열띠게 토론된 신앙의 문제에 대해 표현할 권리를 주장하기 위해 루터의 만인사제설을 인용하였다.[176]

소책자는 종교개혁을 통하여 독일에서 대대적으로 이루어진 여론 형성의 가장 중요한 도구였고 종교개혁 초기의 결정적인 소통 매체였다. 많은 소책자들을 통해 새로운 가르침이 변호되고 선전, 유포되었으며 토론의 계기가 제공되었다. 소책자 가운데서도 루터의 신학 및 종교개혁적인 사상을 전파하고 소통하는 중요한 소통수단이며 종교개혁 운동 형성에 크게 기여한 것은 바로 설교소책자였다.

설교소책자

종교개혁의 설교는 일찍이 교회사에서 전혀 없었던 중요한 의미를 부여받았다. 설교가 구원의 유일한 도구라는 신학적인 의미 때문만 아니라 초기 종교개혁은 설교운동이기 때문이었다. 다시 말해 종교개혁은 설교로 일어났다. 각각의 장소에서 종교개혁적인 새로운 인식은 무엇보다도 설교라는 매체를 통하여 퍼지게 되었고, 종교개혁 사상의 형성과정은 설교단에서 시작되었다. 즉 종교개혁 사건, 토론, 선전활동 등은 대부분 설교단을 중심으로 이루어졌다. 결국 설교강단은 공적인 장소의 중심이었고, 설교자는 사회의 중심인물이었다.

종교개혁운동에의 가담이 설교로 이루어지지 않은 경우는 거의 드

176) B. Moeller, "Die frühe Reformation als Kommunikationsprozeß", 80.

물었을 정도로 설교는 종교개혁의 소통(전파)과정에서 큰 역할을 하였다. 그런데 설교처럼 새로운 가르침을 전파하고 종교개혁 사상을 옹호하며 선전하는 또 하나의 중요한 수단이 있었는데 바로 설교소책자였다.

설교 소책자는 설교라는 특성상 소통으로서의 종교개혁에 결정적인 역할을 했다. 설교소책자야말로 중세 후기로부터 종교개혁시대 초기로 넘어가는 시점에서 새로운 종교개혁신학의 전파와 수용을 위한 가장 중요한 도구였다. 종교개혁사상으로 가득한 루터 및 다른 종교개혁자들의 설교들이 인쇄되면서 종교개혁운동은 더 빠르게 확산되었고 이들의 주장은 관철될 수 있었다. 인쇄술 덕분에 사람들은 동일한 시간에 독일 어느 곳에서나 루터와 종교개혁자들의 설교를 읽고 들을 수 있었다. 종교개혁적인 설교는 인쇄를 통하여 빠르게 공간적 제약을 극복하였고 문자로 고정됨으로 어느 때든지 접할 수가 있게 되었다. 설교소책자는 종교개혁에 결정적인 영향을 끼쳤으며 중심적인 소통수단으로서 종교개혁의 성공에 크나큰 이바지를 했다.

34

[2017년 종교개혁 500주년 기념 주일설교] 오직 은혜!

사람은 망각의 동물입니다. 많은 것을 잊으며 살아갑니다. 그러나 잊으면 안되는 것이 있습니다. 바로 생일입니다. 생일이란 자신의 존재의 근원일 뿐만 아니라 삶의 의미를 되새기는 시간이기 때문입니다. 우리 그리스도인과 기독교 공동체에도 믿음의 생일이 있습니다. 바로 종교개혁입니다. 종교개혁이 올해로 500번째 생일을 맞이하지만, 우리는 그 의미를 너무 잊고 살았습니다. 종교개혁은 루터가 성서에서 깨달은 복음, 즉 오직 은혜로, 오직 그리스도로, 오직 믿음으로 우리 인간이 구원받는다는 복음의 진정한 의미를 깨닫고 당시 교회의 전통과 인간의 공로와 행위를 통해 구원받는다고 가르친 로마 가톨릭교회를 비판하며 종교와 사회를 개혁한 사건입니다. 종교개혁 사건의 500번째 생일을 맞이하여 하나님께서 우리 각 사람과 교회, 그리고 우리가 속한 공동체를 향해 하나님께서 허락하신 계획과 뜻이 무엇인지 되새겨 보는 시간이 되어야겠습니다.

믿음과 사랑

루터는 신앙생활에서 날마다 가르치고 설교해야 할 두 가지 사실을 강조합니다. 첫째는 믿음이며, 둘째는 믿음의 열매, 즉 사랑과 선행입니다. 믿음과 사랑의 관계는 좋은 나무와 좋은 열매의 관계와 같습니다. 탐스런 과실을 맺는 과수원을 갖기 위해서는 먼저 좋은 나무를 심어야 합니다. 땅을 잘 다지고 거기에 좋은 나무를 심는 것은 믿음이 하는 일에 비유할 수 있습니다. 좋은 나무가 좋은 열매를 맺는 것은 당연합니다. 여기서 좋은 열매란 바로 우리 그리스도인들이 행하는 선행을 말합니다. 그러므로 교회에서 선포해야 하는 설교의 내용은 먼저 믿음을 통한 구원이고, 다음으로 믿음의 열매인 선행입니다.

루터는 마태복음 8장의 나병환자 치유 사건에서 나병환자의 믿음을 바른 믿음의 모범으로 소개합니다. 만약 나병환자가 그리스도께서 관대하고 은혜로우며 자신을 고치시리라는 전적인 신뢰와 확신이 없었다면, 그는 감히 주님께 나아가 병 고침을 간구하지 못했을 것입니다. 그의 상황을 한번 되새겨 본다면 이것은 더욱 분명해집니다. 그는 절망적인 나병에 걸렸기 때문에 주변의 사람들은 그와 함께하는 것을 꺼렸을 것이고, 자신도 주님께 나아가는 일을 망설일 수밖에 없었을 것입니다. 게다가 율법은 나병환자가 건강한 사람들과 함께하는 것을 금합니다. 그러나 그는 율법의 금지와 사람들의 방해에도 불구하고 정결하고 거룩하신 분 앞으로 감히 나아갑니다. 우리는 여기서 그리스도인의 참된 믿음의 모습을 발견합니다. 나병환자는 그리스도께 가까이 다가갈 수 있는, 그와 이야기를 나누거나 도움을 호소할 수 있는 자격이 전혀 없습니다. 자신에게 어떤 공로도 없지만, 오직 그리스도의 자비와 은혜를 자기 것으로 삼는 것만을 생각합니다. 자신의 불결함과 무가치함을 더 많이 느낄수록 그는 그리스도께 더 가까이 나아가 그리스도의 자비만을 구합니다. 이것이 바른 믿음이며, 우리가 가져야 하는 하나님의 자비에 대한 생생한 신뢰입니다.

그렇다면 이러한 믿음, 그리스도의 자비하심에 대한 깨달음은 어디서 온 것일까요? 그리스도에 관한 좋은 소식을 들음으로 온 것입니다. 그는 그리스도의 은혜와 자비, 즉 그리스도가 자신에게 나아오는 모든 자를 돕고 위로하며 권면하시는 분이라는 소문을 듣고 믿었습니다. 그리스도의 소문을 통해 그는 용기를 얻고 전적으로 신뢰함으로 이렇게 고백했을 것입니다. "과연 그분에 대한 소문과 명성은 사실이구나! 그분은 나 같은 사람에게조차 자비로우시다!"

사도바울은 갈라디아서 3장과 로마서 10장에서 믿음은 들음에서 나고 들음은 그리스도에 관한 말씀 혹은 소문에서 나온다고 말씀합니다. 그리스도의 소문을 들은 나병환자는 오직 그리스도의 은혜만을 의지하는 믿음으로 나아갔고, 병 고침을 받았습니다. 만일 나병환자가 주께 나아가 "보십시오, 주님, 저는 당신 앞에 나아올 만큼, 저를 깨끗하게 하실 만큼 기도하고 금식했습니다!"라고 말하며 주님께 갔더라면, 그리스도는 결코 그를 깨끗하게 하지 않으셨을 것입니다. 그런 믿음은 하나님의 은혜가 아닌, 자신의 공로를 신뢰한 것이기 때문입니다. 나병환자의 믿음, 다시 말해 자신의 비참한 처지에도 불구하고 오직 하나님을 신뢰하는, 하나님의 은혜만을 의지하는 믿음만이 구원받게 합니다.

믿음의 열매, 선행

믿음은 선행을 열매로 맺습니다. 루터는 누가복음 16장에 나오는 부자와 나사로의 비유에서 부자가 구원받지 못한 이유를 설교합니다. 믿음으로 구원받은 사람은 하나님께서 얼마나 선하고 자비로우신가를 깨달아 알고 있습니다. 이러한 인식에서 그의 마음은 부드럽고 자비롭게 되고, 하나님께서 자신에게 행하신 것처럼 그는 다른 모든 사람에게도 기꺼이 행하고자 합니다. 믿음으로 구원받은 사람은 하나님께서 주신 재물과 명예로써 온 마음과 몸과 생명을 다해 사랑으로 이웃을 섬깁니다. 부자에게 없는 것이 바로 이것입니다. 그에게는 이웃을 향한 사랑과 연민이 없습니다. 그 원인은 무엇일까요? 바로 부자의 불신앙 때문입니다. 믿음이 사랑과 선행의 열매를 맺듯 불신앙은 무자비와 업신여김의 열매를 맺습니다.

부자는 외모와 행위로는 나무랄 데 없는 온전한 사람이었습니다. 그는 바리새인과 같이 존경할만한 삶을 살았습니다. 그는 자기 생각과 사회의 관습에 따라 모세의 율법을 모두 지키며 살았습니다. 그러나 우리는 그의 마음과 영혼을 바라보아야 합니다. 루터에 따르면 부자의 문제는 그가 좋은 음식을 먹고 화려한 옷을 입었다는 데 있지 않습니다. 솔로몬, 에스더, 다윗과 같은 거룩한 왕과 왕비들 역시 좋은 음식과 화려한 옷을 누렸습니다. 부자의 문제는 그의 마음이 그런 것들을 얻기 위해 노력하고 추구한 것에 있습니다. 그는 그것들에 집착하였을 뿐 아니라 이것을 자신의 기쁨과 즐거움, 심지어 우상으로 삼았습니다. 그리스도는 '날마다'라는 단어에서 이 사실을 보여주십니다. 부자는 '날마다' 그렇게 살았습니다. 불신앙의 열매를 통해 우리는 그 마음의 은밀한 죄, 곧 불신앙을 엿볼 수 있습니다. 믿음은 화려한 옷이나 맛있는 음식, 재산, 명예, 쾌락, 권력을 좇지 않기 때문입니다. 믿음은 하나님 자신 외에 어떤 것도 바라지 않습니다. 믿음은 가장 선하신 분, 하나님만을 향합니다. 그 외에 다른 것들은 추구하거나 집착하지 않습니다. 맛있는 음식이나 화려한 옷은 믿음의 사람에게 큰 의미가 없습니다. 왜냐하면 그는 화려한 옷을 입고 대단한 힘과 명예가 있을지라도 옷의 화려함이나 힘과 명예에 주목하거나 관심을 갖지 않기 때문입니다.

그러나 불신앙의 인간은 재물을 탐닉하며 그것을 얻을 때까지 어떤 안식도 누리지 못합니다. 그리고 원하던 것을 결국 얻은 후에는, 배설물 가운데 있는 암퇘지처럼 그것을 즐기고 포식하며 그 안에서 행복을 발견합니다. 자기 마음이 하나님과 어떤 관계에 있는지, 하나님 안에서 자신이 가진 것이 무엇인지, 하나님으로부터 기대하는 것이 무엇인지는 그의 관심사가 아닙니다. 재물과 세상의 명예가 그의 신(神)입니다. 이러한 불신앙의 열매로부터 이웃에 대한 사랑을 망각하는 또 다른 죄의 열매가 맺히는 것입니다. 부자는 가난한 나사로를 문 앞에 방치하고 돕지 않았습니다. 자신이 직접 나사로를 돕지 않더라도 적어도 자기 종들을 명하여 나사로를 돌보도록 할 수 있었습니다. 그러나 그는 그럴 수 없었습니다. 왜냐하면 하나님과 그분의 선하심에 대해 전혀 알지 못했고, 조금도 느끼지 못했기 때문입니다. 결국 이웃의 불행 역시 느낄 수 없었던 것입니다. 하나님의 선하심을 체험하지 못한 자는 이웃의 불행을 느끼지 못하며, 이웃에 대한 연민 역시 없습니다. 부자의 모습을 통해 우리는 믿음이 없는 곳에 사랑이 있을 수 없으며, 사랑이 없는 곳에 믿음이 있는 것은 불가능하다는 사실을 깨닫습니다. 믿음과 사랑은 서로 함께 있고자 하며 또 그래야 합니다. 바른 믿음의 자리에 선 그리스도인들은 이웃을 사랑하고 섬깁니다.

신앙인은 날마다 성장해야 한다

우리는 믿음으로 구원받은 존재지만 주님의 나라에 갈 때까지 우리 안에 있는 육체의 정욕과 싸워야 하는 영적 군사입니다. 우리는 분명 죄로부터 완전히 용서받았지만 전적으로 깨끗하거나 죄가 완전히 사라진 것은 아닙니다. 요한 웨슬리 목사님께서 강조하신 것처럼 죄를 몰아내는 성화의 점진적인 과정이 필요합니다.

누가복음 10장의 선한 사마리아인 비유가 이를 말합니다. 어떤 사람이 예루살렘에서 여리고로 내려가다가 강도를 만나 거의 죽게 됩니다. 우리 육신의 조상 아담 역시 살인자 사단을 만났습니다. 아담은 자신이 저지른 죄 때문에 영원한 삶의 터전 에덴에서 쫓겨납니다. 그것은 하나님과의 관계 단절을 의미합니다. 아담은 자신의 죄에 대한 대가를 치렀을 뿐 아니라 그 죄를 우리 모두에게 유전시켰습니다.

강도 만난 사람은 다행히 선한 사마리아인을 만나 죽음에서 구원받습니다. 그런데 선한 사마리아인은 강도 만난 사람을 그 자리에서 치료하여 즉시 낫게 한 것은 아닙니다. 그는 우선 상처를 싸매고 거기에 기름을 부었습니다.

선한 사마리아인과 강도당한 사람의 관계를 그리스도와 우리의 관계로 생각해 봅시다. 만약 그리스도께서 사탄에게 강도당한 우리를 싸매어 교회로 인도하고 우리의 상처를 돌보시는 사마리아인으로 오시지 않으셨다면, 강도 만난 사람처럼 우리는 가진 모든 것을 잃어버리고 무기력하게 처참한 죽음을 맞았을 것입니다. 그러나 다행히 우리는 이제 주님의 손안에 있습니다. 능력 있는 의사의 손이 우리 위에 있습니다. 그의 긍휼하심은 우리를 죽음의 자리에서 끌어냅니다. 그는 친히 우리의 상처를 기름과 포도주로 싸매십니다. 그렇게 우리를 죽음에서 생명으로 옮기십니다. 그뿐만이 아닙니다. 사마리아인이 여관 주인에게 강도 당한 자를 돌보아 달라고 부탁했듯, 그리스도께서는 남은 죄와 싸우는 우리의 영적 전투에서 성령의 돌보심을 약속하십니다. 성령 하나님께서 우리를 인도하지 않으시면 우리는 다시 부패합니다. 우리는 구원 받았지만 성령께서 날마다 우리의 상처를 깨끗하게 하셔야 합니다. 하나님의 능력인 복음이 성령을 통하여 날마다 우리 마음속에, 그리고 모든 교회에 왕성하게 역사하시기를 바랍니다.

출처 및 참조

1. 출처: “복음에 대한 갈망과 열정, 종교개혁의 문을 열다”, 「기독교세계」 1079 (2021. 10), 30~33.
2. 출처: “루터의 회심, 탑상체험”, 「기독교세계」 1072 (2021. 2), 34~37.
   참조: “루터의 칭의 이해의 열쇠, ‘하나님의 의’”, 「신학과 현장」 31 (2021), 121~150.
3. 출처: “웨슬리, 루터의 ‘로마서 서문’을 만나다”, 「기독교세계」 1071 (2021. 1), 34~37.
   참조: “루터의 ‘로마서 서문’에 나타난 그리스도인의 삶”, 「장신논단」 50 (2018), 122~146.
4. 출처: “오직, 믿음이다”, 「기독교세계」 1073 (2021. 3), 42~45.
5. 출처: “성례, 인간의 연약함에 눈높이를 맞춘 하나님의 은혜”, 「기독교세계」 1076 (2021. 6), 38~41.
6. 출처: “복음이 낳은 피조물, 교회”, 「기독교세계」 1077 (2021. 7/8), 38~41.
7. 출처: “설교! 가장 위대한 예배”, 「기독교세계」 1078 (2021. 9), 38~41.
   참조: “마틴 루터의 설교 이해”, 「신학과 현장」 22 (2012), 277~304.
8. 참조: “루터의 종교개혁 찬송 ‘다 함께 즐거워하라’”, 「신학논단」 101 (2020), 39~66.
9. 출처: “참된 그리스도인이 되는 길”, 「기독교세계」 1075 (2021. 5), 38~41.
10. 『루터와 기도한다』, 권진호 역 (대장간, 2019), 19 이하.
    참조: “‘평신도 성경’ - 루터의 소교리문답 신학과 의미”, 「신학과 현장」 29 (2019), 109~128.
11. 출처: “인간의 죄 인식과 하나님의 은혜 인식”, 「기독교세계」 1080 (2021. 11), 38~41.
    참조: “크라나흐가 사용한 종교개혁 소통의 근본적 도구인 이미지로부터의 선교학적 교훈”, 「선교와 신학」 40 (2016), 229~264.
12. 참조: “그리스도의 싸움과 승리 - 그리스도의 십자가와 부활의 설교자 루터”, 「한국기독교신학논총」 65 (2009), 63-82.
13. 참조: “크라나흐가 사용한 종교개혁 소통의 근본적 도구인 이미지로부터의 선교학적 교훈”, 「선교와 신학」 40 (2016), 229~264
14. 참조: “크라나흐가 사용한 종교개혁 소통의 근본적 도구인 이미지로부터의 선교학적 교훈”, 「선교와 신학」 40 (2016), 229~264.
15. 출처: “루터의 재물관 - 루터의 설교를 중심으로”, 「그 말씀」(「목회와 신학」부록) 2010.9, 112~129.
16. 참조: 권진호, 『루터에게 설교를 맡겨라』 (두란노아카데미, 2011), 216 이하.
17. 참조: 권진호, 『루터에게 설교를 맡겨라』 (두란노아카데미, 2011), 199 이하.
18. 참조: “루터의 장례설교에 나타난 그리스도인의 죽음에 관한 고찰”, 「한국교회사학회지」 28 (2011), 165~195.

19. 참조: "국가에 대한 그리스도인의 태도에 관한 루터사상 - 로마서 13장 해석을 중심으로 하여",「신학과 현장」25 (2015), 165~188.
20. 참조: " '저는 여기에 있습니다!' - 보름스 제국의회 앞에 선 루터",「신학과 현장」23 (2013), 175~198.
21. 참조: 권진호,『루터에게 설교를 맡겨라』(두란노아카데미, 2011), 68 이하.
22. 출처: "이미 절반 이상 이루어진 우리의 부활",「기독교세계」1074 (2021. 4), 42~45.
23. 참조: 권진호,『루터에게 설교를 맡겨라』(두란노아카데미, 2011), 121 이하, 139 이하.
24. 출처: "바리새인과 세리의 의",「강단과 목회」168 (2019 9/10), 120~123.
25. 출처: "대강절, 그리스도의 오심과 기쁨의 기다림",「기독교세계」1081 (2021. 12), 38~41.
26. 출처: "종교개혁 3대 작품, 독일 그리스도인 귀족에게 보내는 글",「목회와 신학」2017.7, 138~146.
27. 출처: "교회의 바빌론 포로에 관하여. 전주곡",「목회와 신학」2017.8, 124~139.
28. 출처: "그리스도인의 자유에 관하여",「목회와 신학」2017.9, 120~128.
29. 출처: "대교리문답",「목회와 신학」2017.10, 130~139.
30. 출처: "1917년, 독일교회의 종교개혁 400주년 기념을 되돌아보며",「기독교사상」702 (2017), 102~111.
31. 참조: 토마스 카우프만,『루터. 말씀에 사로잡힌 사람』, 공준은 역 (기독교서회, 2015), 62-76.
32. 참조: "종교개혁에서의 수도원 제도",「장신논단」51 (2019), 171~195.
33. 출처: "종교개혁 초기의 설교소책자",「신학사상」157 (2012), 269~298.
34. 출처: "오직 은혜인가, 행위인가",『종교개혁 500주년 기념주일 자료집』(기독교대한감리회, 2017), 30~39.

오늘을 위한 루터 이해 추천도서

- 1차 문헌

마틴 루터.『루터와 기도한다』, 권진호 역. 대장간: 2019.

마틴 루터.『루터를 안다. 루터의 신앙생활 안내서』, 권진호 역. 대장간, 2019.

마틴 루터.『루터, 구원을 설교하다. 믿음과 사랑 안내서』, 권진호 역. 대장간, 2020.

마틴 루터.『보라, 네 왕이 네게 오신다. 루터의 설교를 듣는다』, 권진호 역. 한들출판사, 2021.

마틴 루터.『대교리문답 』, 최주훈 역. 복있는사람, 2017.

마틴 루터/ 존 딜렌버거 편.『루터 선집』, 이형기 역. CH북스, 2017.

- 2차 문헌

권진호.『루터에게 설교를 맡겨라』. 두란노아카데미, 2011.

권진호, 김정희.『루터, 겨울에 설교하다』. KMC, 2014.

김기련.『종교개혁자 루터, 칼빈, 뮌처의 신학 - 오늘의 종교개혁』. 한들출판사, 2020.

김덕영.『루터와 종교개혁 - 근대와 그 시원에 대한 신학과 사회학』. 길, 2017.

김선영.『루터의 프로테스탄트 개혁 - 신학, 교회, 사회 개혁』. 대한기독교서회, 2019.

박홍식.『미완의 개혁가, 마르틴 루터 - 500년 전 루터는 무엇을 이루고 무엇을 남겼는가』. 21세기북스, 2017.

우병훈.『처음 만나는 루터 - 개혁과 건설에 온 삶을 건 십자가의 신학자』. IVP, 2017.

이길용.『루터 - 근대의 문을 연 최후의 중세인』. arte, 2020.

최성수.『현대인을 위한 종교개혁의 5대 원리』. 예영커뮤니케이션, 2017.

최주훈.『루터의 재발견 - 질문, 저항, 소통, 새로운 공동체』. 복있는사람, 2017.

홍지훈.『종교개혁 신학과 개신교 신앙』. 동연출판사, 2022.

베른하르트 로제. 『마틴 루터의 신학』, 정병식 역. 한국신학연구소, 2018.
빌럼 판 엇 스페이커르. 『기도, 묵상, 시련 - 루터와 칼빈이 말하는 참 신앙의 삼중주』, 황대우 역. 그책의사람들, 2012.
파울 알트하우스. 『마르틴 루터의 신학 - 루터의 조직신학』, 이형기 역. CH북스, 2017.
토마스 카우프만. 『루터. 말씀에 사로잡힌 사람』, 공준은 역. 기독교서회, 2015.
앤드루 페티그리. 『루터, 브랜드가 되다』, 김선영 역. 이른비, 2022.
스콧 H. 헨드릭스. 『마르틴 루터 - 새 시대를 펼친 비전의 개혁자』, 손성현 역. IVP, 2017.

권진호

공주사대 부고, 공주대학교 역사교육과 (문학사)
목원대학교 신학과 (신학사) 및 대학원 신학과 (신학석사)
독일 Christian-Albrechts-Universität zu Kiel 신학박사 (Dr. theol.)
현재 목원대학교 신학과 부교수 (교회사).

저서

- Christus pro nobis. Eine Untersuchung zu Luthers Passions- und Osterpredigten bis zum Jahr 1530, LIT, 2008.
- "루터의 갈라디아서 설교의 특징", 목회와 신학 편집부 엮음,『갈라디아서. 어떻게 설교할 것인가』, 두란노 하우주석 제42권 개정판. 두란노 아카데미, 2010. (공저)
-『성 어거스틴의 은총론 연구』, 기독교문서선교회, 2011.
-『루터에게 설교를 맡겨라』, 목회와 신학 총서 설교 제10권, 두란노아카데미, 2011.
-『루터, 겨울에 설교하다』, KMC, 2014. (공저)

번역서

- 빌헬름 게에를링스,『교부 어거스틴』, 기독교문서선교회, 2013.
- 루돌프 마우,『복음주의 운동과 초기개혁(1521 1532)』, 호서대출판, 2015.
- H. 홀체,『중세 전성기의 서방교회』, 호서대출판, 2015. (공역)
-『루터와 기도한다. 루터의 기도생활 안내서』, 대장간, 2019.
-『루터를 안다. 루터의 신앙생활 안내서』, 대장간, 2019.
-『루터, 구원을 설교하다. 믿음과 사랑 안내서』, 대장간, 2020.
-『보라, 네 왕이 네게 오신다. 루터의 설교를 듣는다』, 한들출판사, 2021.
-『루터, 구원을 말하다』, 신아사, 2023.

논문

- "루터의 '로마서 서문'에 나타난 그리스도인의 삶",「장신논단」50 (2018).
- "루터의 개명의 신학적 의미",「한국교회사학회지」51 (2018).
- "'평신도 성경' - 루터의 소교리문답 신학과 의미",「신학과현장」29 (2019).
- "루터의 종교개혁 찬송 '다 함께 즐거워하라'",「신학논단」101 (2020)
- "루터의 칭의 이해의 열쇠, '하나님의 의'",「신학과현장」31 (2021)
- "1933년 독일의 '루터의 날'(Luthertag)",「한국교회사학회지」62 (2022)

오늘을 위한 루터 이해

초판 1쇄 발행 _ 2023년 03월 10일
1판 2쇄 발행 _ 2023년 12월 20일

저　　자 • 권 진 호
발 행 인 • 정 현 걸
발　　행 • 신 아 사
인　　쇄 • 대명프린팅
출판등록 • 1956년 1월 5일 (제9-52호)
주　　소 • 서울시 은평구 통일로 59길 4(2F)
전　　화 • 02)382-6411 · 팩스 02)382-6401
홈페이지 • www.shinasa.co.kr
E-MAIL • shinasa@daum.net

ISBN 979-11-92428-51-2 (93230)

정가 16,000원